井出 明

ダークツーリズム

悲しみの記憶を巡る旅

GS
幻冬舎新書
506

はじめに

〝ダークツーリズム〟という言葉を初めて聞いた時に、皆さんはどう感じるだろうか。

私がこの言葉に出会ったのは、実はそう古い話ではなく、2011（平成23）年8月の小樽が最初であった。この年、小樽商科大学は様々な100周年記念事業を開催しており、その中の一つに国際シンポジウムがあった。私は、これからの北海道観光について論じることにしたが、特に強調したのは、「北海道の悲しみの記憶を観光資源として組み直せないか」という問題提起であった。北海道には、囚人労働、アイヌ問題、大戦末期の朝鮮人労働、炭鉱の閉山など悲しい記憶が多くあり、これらを観光資源として使うことができるのであれば、観光に関する新しいパラダイムシフトが生まれると考えていた。

私がその講演を行った際の質疑応答で、おそらくニュージーランド人の先生が「あなたのやっていることは、Dark tourismと言われていて、海外では盛んに研究されている」と述べられ、初めてダークツーリズムなる概念と出会った。

考えてみると、私自身、サイパンや沖縄に行けばマリンアクティビティも楽しんだが、同時に戦跡も回っていたし、ウランバートルの学会に出た時は、合間を縫って社会主義政権下における虐殺を学ぶために「政治粛清祈念博物館」を訪れたりしていた。

ダークツーリズムは「人類の悲劇を巡る旅」と定義される。私は自分の興味の赴くままに旅をしていたのだが、ダークツーリズムという言葉をあてがってみるとこれまでの旅に一本の筋が通ったように感じられた。

本書は学術書ではなく、基本的に私の実際の旅の足跡を辿るという紀行文の形式を採ってみた。第一章には、「ダークツーリズムとは何か」という総論を置いたが、これに関してもイメージ的な理解を中心としたものになっている。全体としては、ダークツーリズムとは何かということについて、おおまかにつかんだ後、紀行文を読み進めることで旅の雰囲気を味わっていただければ、筆者の狙いとしては十分達成されたことになる。そして、皆さんの中から悲しみの記憶を巡る旅に出る方がおられれば、それは望外の喜びとなる。

現在のところ、ダークツーリズムに関する体系的な学術書は日本語では出版されていないため、本書を読まれた方でさらに興味を持たれた場合は、東浩紀編著『福島第一原発観光地化計画』（ゲンロン）の筆者執筆部分を読んでいただきたい。そちらは、理論的な厳密性や整合性を重視したものになっているため、調査や研究の資料として有用であろう。

また、今回は入門書であることを意識し、外国の事例をあまり取り上げていない。2018（平成30）年7月刊『ダークツーリズム拡張』（美術出版社）では、多くの外国の旅行記を収録してある。こちらもお手に取っていただければ幸いである。


本書の構成について全体を説明しておきたい。第一章として総論を置いた後、まず国内のダークツーリズムポイントを並べた。小樽を第二章に置いているのは、どんな地域でも必ずダークサイドがあり、そのダークサイドから地域を見れば、全く新しい地域への理解が広がるであろうことを意識していただきたかったからである。小樽は、紛れもなく全国屈指の観光都市であるが、悲しみの記憶という視点からこの街を見た時、そこに見える様相はそれまでとは全く違ったものになっている。

北海道のコンテクストをつなぐという意味で、次の第三章にはオホーツク沿岸の紀行を配置した。冬の寒さが厳しいこの地域は、様々な意味でダークツーリズムの考え方が馴染みやすいとも言えるのだが、戦争や足尾銅山の公害などといった点も含めて、北海道の近代を問い直した。

第四章では、日本の最南端部にある西表島におけるダークツーリズムについて扱っている。西表島はエコツーリズムの聖地であるが、この島にも戦争にまつわる悲しい歴史がある。

第五章は、近年観光プロモーションに熱心な熊本を取り上げ、熊本に行くのであれば、あえて県の観光プロモーションに乗らない地域を見てはどうだろうかという観点から紀行を書いてみた。ただし、本章の記述は熊本地震の発生前の旅であるとともに、本文で詳しく言及している水俣病資料館、そして菊池恵楓園の展示もリニューアルされたことを申し添えておく。

第六章は、東京に住む者にとって手軽な観光地である長野をダークサイドから見ることの意義に踏み込んだ。

国内編のまとめとして第七章では「日本の公害の原点」とも言える足尾銅山を取り上げ、具体的な紀行の形で掘り下げてみた。

第八章からは海外の事例を扱っている。まず、津波災害からダークツーリズムの方法論で復興したインドネシアのバンダアチェについて記した。

第九章では、日本の左派運動は国際的にどういう意味があったのかという点について旅をしながら考えようということで、韓国とベトナムを取り上げた。

最終章となる第一〇章は、本書のために書き下ろしたもので、福島を中心とした東日本大震災とダークツーリズムの関係性について考察している。

また紀行を扱った各章の終わりには、「旅のテクニック」というコラム的な記述を配した。「旅行の楽しみの半分は計画」という言葉もある。プラン作りの参考にしてほしい。

ダークツーリズムという言葉は、今や辞書にも載るようになり、その概念的な意味は共有されつつある。ただし、ダークツーリストである旅人の具体的な営みはほとんど知られていないだろう。ここにある旅行記を通して、ダークツーリズムをどう享受するのかという点について、思いを巡らせてみてほしい。

ダークツーリズム／目次

DTP・地図作成　美創

第一章　ダークツーリズムとは何か

ダークサイドを観る意義

「闇があるから光がある」

この言葉は、プロレタリア作家小林多喜二が、愛する田口タキに送った恋文の一節である。小樽で育ち、地元の名門校を出て銀行に就職した多喜二は、親に売られ、小料理屋で私娼として生きる彼女と運命的な恋に落ちる。エリートである多喜二の求愛に彼女は気後れするが、手紙では「辛い経験をしたからこそ、これから幸せの道を探していこう」という流れの話が続く。

人生でダークサイドを全く持たない人間はまずいないであろうし、その辛く厳しい過去は人としての魅力を培う。地域にも、光の部分があれば、必ず悲しみを湛《たた》えた影の記憶もある。悲しみの記憶を巡る旅人たちは、その地に赴き、亡くなった人たちの思いや、場の記憶を受け継ぐ。そしてそれを持ち帰り、また誰かに伝えていく。

ダークツーリズムとは、戦争や災害をはじめとする人類の悲しみの記憶を巡る旅である。私は、以前から、戦争や災害の跡はもちろん、人身売買や社会差別、そして強制労働などに関連する場を訪れてきた。なぜそのような場所に興味を感じたのかはよくわからなかったが、訪れるたびに、「忘れないでおこう」という気持ちだけは強く持つようになっていった。非業の死を遂げた人々の無念の思いを受けとめ、大学という場で若い人たちに伝えていくだけでも、「何らかの価値」はあるのではないかと思っていた。大学という世界で働いて17年になるが、長いことこの「何らかの価値」の正体がわからずにいた。もう少し掘り下げて考えてみよう。

「忘れられる」二度目の死

防災の世界では、しばしば「人は二度死ぬ」というフレーズが語られる。肉体的死が一度目の死であるのに対し、その人を知る人がいなくなってしまうことを二度目の死と呼ぶ。「二度目の死」は多重的な意味を持つ。畑中章宏『災害と妖怪　柳田国男と歩く日本の天変地異』（亜紀書房）では、洪水の多い地域に「蛇崩《じゃくずれ》」や「蛇谷《じゃだに》」という地名が多いことを指摘している。私も日本各地の自然災害の跡を訪ねたが、そこにはひっそりとお地蔵さんが置かれていることも多い。開発の流れの中でこうした地域の地名が変更され、お地蔵さんが除かれてしまったらどうなってしまうだろうか。

それは、この地で生き、この地で死を迎えた人の記憶を地域が失ってしまうことを意味する。つまり、「二度目の死」が起きてしまっているのである。そうなるとここに住む人々は、以前よりも災害を恐れなくなってしまうだろうし、何より備えを怠ることになりかねない。その結果、久方ぶりに豪雨があると、現住する人々は予想もしなかった新たな死を迎えることになる。

悲しみの記憶を失うことは、生死の問題以外にも様々な弊害を生む。本書の第五章でもハンセン病にまつわるダークツーリズムを扱うが、私たちは何ら科学的根拠もなく「ハンセン病」という病歴を持った人々を差別してきた。この問題についても、自分たち自身への問いかけが欠けていたと考えることもできる。福島第一原発の事故の後、北関東のホテルで福島ナンバーの車を拒むなどの謂《いわ》れなき差別が続発した。放射能に対する科学的無知が、被災者を拒絶するというあってはならない状況を生み出してしまった。私たちが、社会としてハンセン病に関する悲しみを承継できていれば、このような事態は避けられたのかもしれない。

勉強や学びなどという言葉を大上段に振りかざさなくとも、悲しみの場に赴き、そこで過ごすのであれば、心に何かが沁み始める。悲劇の記憶を辿ることは辛く苦しいことかもしれないが、こうした経験を重ねるうちに、自分の命が驚くほど多くの偶然によって支えられ、何者かに生かされているという感慨を持つようになる。多くのダークツーリストたちとの交流を踏まえて鑑みると、この時、ツーリスト自身に内的なイノベーションが起こり、自分の人生を大切に思うようになってくる。そして、今ある自分の命を何らかの形で役立てたいという気持ちも湧き上がってくるのである。

人間にこのような再生の機会を与える旅として、ダークツーリズムは非常に大きな可能性を有している。にもかかわらず、我々日本人は、これまであまりにも地域のダークサイドに対して無関心に生きてきたのではないだろうか。むしろ、あえて無視し続けてきたと言っていいかもしれない。地域の悲しみの記憶は、実は隠すべき対象ではなく、潜在的に新しい価値を有している。そしてダークサイドの持つ価値は、これまで述べてきたように単に教訓にとどまらず、生き方の覚醒や社会構築といったレベルにまで多面的に波及する。こうした価値を重視した場合、「ダーク」という言葉を、お為《ため》ごかしのように明るい単語に無理に言い換えないほうが本質をつくこともわかる。ダークツーリズムに関する研究や旅行商品の開発は、決して地域に傷をつけるものではなく、地域に新しい価値を見出すための契機となるであろう。

ダークツーリズムで観る近代

また、筆者が研究を続けていくうちにわかってきたことであるが、ダークツーリズムの旅を続けることで、近代の構造が見えてくるという効用があった。これは複数の地域を巡ると腑に落ちてくると思う。

例えば被爆地としてのヒロシマやナガサキで語り部の声を聞いたとしても、「お気の毒ですね」というレベルの共感と、核兵器に対する一方的な怒りしか湧いてこないのかもしれない。これ以前に、一般市民への無差別大量爆撃の前例としてはゲルニカの悲劇があり、日本人としては、(筆者はまだ赴いてはいないものの) 中国が「無差別」と主張する重慶爆撃との共通点と相違点を考えるべきであろう。さらに、核を肯定するテニアン島のエノラ・ゲイ出発地の記念碑やラスベガスの核実験博物館などの説明を通じて、マクロ的に「核というものはどういう意味を持っていたのか」という問いに対する多面的な歴史観が構築されてくる。換言すれば、国民全体が関わるようになった近代の戦争と、その帰結としての核の投下という事象に対して、一人ひとりが体系性を持った思いを語ることが可能になるのである。

これはある意味気楽な「旅人」だからこそ味わえる経験であり、一カ所に根を下ろして、その地と同化した場合は、距離を置いた体系性を捉えることが難しくなってくる。被爆者一人ひとりの体験も言葉も重いがゆえに、かえって全貌が見えにくくなるのである。

歴史家の山室信一が『キメラ――満洲国の肖像（増補版）』（中公新書）において「その時代を生きたということは必ずしも、その時代を総体として知っていたということを毫《ごう》も意味しない」と述べているとおり、個別の事象を体験された方の話はそれぞれ重要ではあるけれども、それだけでは歴史なり、社会なりの全体像を把握できないという問題は常に意識しておいたほうがよい。多くの情報を受け手の側で集め、それを再構成することの意義がここでは説かれている。

そして、同書は別箇所で「空間そのもののありかたや空間認識という観点から人文・社会科学研究の再構築を図ることが、21世紀には緊要な課題として浮かび上がってきている」という問題提起を行っている。考察の対象を理解するためには、それがどの程度の距離なり、大きさなりを持っていたかということを知ることは非常に重要である。にもかかわらず、これまでの日本ではこうした直観的な感性に訴えかける研究方法はあまり顧みられることはなかった。ダークツーリズムが、非常に強力な分析のツールとなっているのは、訪問することによってこれまでないがしろにされてきた空間への理解が促進されるということも一つの理由ではないかと推察される。

悲しみの記憶を求めて様々な地を旅することで、「近代とは何か」という根源的問いに対するそれぞれの思いが湧き上がってくるであろう。これこそが、ダークツーリズムを体験することで得られる本質的価値の一つと言ってよい。

ダークツーリズムの歴史と未来

ダークツーリズムは1990年代からイギリスで提唱され始めた概念で、学術論文には1996年に登場し、初の学術書は2000年にJ・レノン教授とM・フォーレー教授によって著された。これまで観光資源として認識されていなかった戦争や災害、そして様々な死の現場といった悲劇の場に人々が訪れる現象を彼らは総称してDark tourismと名づけた。従来から、War tourismやHolocaust tourismという個別の呼び名はあったが、人類の悲劇を巡る旅を同じカテゴリーに置いて分析を始めた功績は大きい。そして、このDark tourism概念は、セントラル・ランカシャー大学のR・シャープレー教授とP・ストーン教授によってブラッシュアップされていった。

ヨーロッパでは、歴史的記録はポジティブな情報だけでなく、地域にとってはあまり好ましくないネガティブな情報も引き継がれ、一部は展示に供される。つまり、自分にとって都合のいい情報だけを扱うわけではなく、思い出すことも辛く悲しい記憶が当然のように承継されているのである。

本書で扱う、いわゆる「負の遺産」は極めて日本語的な概念であり、英訳しにくいと言われている。英語で遺産を表すheritageや、伝説を表すlegendは、決してポジティブな話だけを扱うわけではない。人類の活動の結果残された記憶は、必然的に良い面もあれば悪い面も持つわけで、そうした両タイプの記憶を大切にしようとする考え方がヨーロッパには根づいていた。したがって、ダークツーリズムという新しい言葉が現れた時も、人々は違和感なく受け入れることができたのである。

筆者としては、地域のダークサイドを記録し、その価値を受け継ぐことの重要性を伝えていきたいと考えるが、実は日本こそ、ヨーロッパと並ぶダークツーリズムの発信拠点になるべきであると考えている。

まず、自然災害が多発することが理由の一つに挙げられる。ヨーロッパのダークツーリズムの教科書でも、自然災害の跡が観光対象になるとは書かれているが、実は具体的な記述がほとんどない。これは、ヨーロッパに自然災害があまりないからであり、少ない記述

カンタベリー地震に襲われたクライストチャーチの街には、復旧時に使われたコンテナを再利用したショッピングエリアがある

を見ると約250年前のリスボンの地震や、論文では英語圏から発信されているということで2011年のカンタベリー地震を取り上げているものが散見される程度である。日本の場合は、死者をともなう地震災害は言うに及ばず、火山災害でも過去に多くの犠牲者を出している。もちろん慰霊や学習などの目的でこうした地域に入りたい外国人はたくさんいるものの、英語での発信がないため、アクセスすることが難しい。欧米では日本の情報を知りたがっているにもかかわらず、これまでアプローチを諦めてきた節がある。今後は、日本から自然災害に関連したダークツーリズムの情報を積極的に発信することで、すでに欧米で発達したダークツーリズムの方法論との高次のコラボレーションが期待されるとともに、新しいダークツーリズムの展開が予想される。

また、ヨーロッパで発達した戦争のダークツーリズムに関しても、日本からは独自の発信が行われるべきであろう。ヨーロッパにおける第二次世界大戦に関する記憶は、ヒトラーを悪のシンボルに見立て、二度とファシズムの跳梁跋扈《ちょうりょうばっこ》を許さないというテーゼを確立することに中心が置かれていた。したがって、ダークツーリズムの研究もナチズムを復活させないための方法論として分析されることが多かった。

アウシュビッツ強制収容所の入り口

一方、日本の第二次世界大戦は、中国に対する侵略の側面もあれば、一部南方に対しては解放戦争としての性質も有していた。同時に、サイパンなど旧南洋庁の島々では、日本の統治を肯定的に評価する声も多々ある。このように、日本の戦争は多面性を持ち、単純な二元論では割り切れない。日本が公に自己の戦争を肯定することは許されないが、日本の第二次世界大戦に関連する研究を発信することで、ヨーロッパとは異なる戦争のコンテクストへの理解が広がることも期待される。

さらに、近年まで続いた元ハンセン病患者の強制隔離や近世から近代にかけての隠れキリシタンの苦難については、日本に固有のダークツーリズムのコンテンツであり、海外のダークツーリストに対しては、大きな訴求力を持つ。こうした日本に独特の悲劇に関する研究は、日本が国として受け入れるツーリストの幅を広げることにも寄与するであろう。

このように、我が国は今後のダークツーリズムの研究および発展に独自の立場から貢献することが可能なため、より積極的な立場からこの新しいフロンティア領域を開拓していくことが求められる。

残された課題

Dark tourism（ダークツーリズム）という言葉が生まれて、まだ20年程度であるが、問題も現れ始めている。この新しい旅の形は世界中で広まりつつあり、ダークツーリズムの聖地とも言われるアウシュビッツでは、ここ10年で入場者数が3倍以上に増えてしまい、博物館には長蛇の列ができている。実は、アウシュビッツ訪問の拠点となるクラクフからは、ツアーバスが頻繁に運行されており、悲劇を商売にしているのではないかという批判もある。また、9・11同時多発テロの現場であるニューヨークのグラウンド・ゼロでは、大量の観光客の入り込みが厳粛な祈りを妨げており、ダークツーリズムは物見遊山と区別できないという意見も出ている。

一方、日本において顕著に見られる傾向であるが、悲劇の場への来訪を不謹慎と見なす風潮は、ダークツーリズムの普及の足かせとなっている。

ダークツーリズムの意義を説くことは重要であり、これは私自身の責務として果たさなければならないが、現実の世界では次から次へと様々な問題が起こっている。観光学は理念だけでは成立しない分野であり、現場の問題を解決できなければ画に描いた餅になってしまう。

慰霊公園に生まれ変わったグラウンド・ゼロ

本書は、次章以後、ダークツーリズムのあるべき姿を模索し続けていくことになるが、これには確定的な答えは出ないであろう。ただ、より良い形に近づける努力は続けなければならない。悲しみの記憶の断絶が、さらに大きな悲しみを招来する可能性がある以上、新たな悲劇を生まないためにも、その記憶を確かなものにすることは非常に重要な意義を持つ。そして、その記憶の承継こそがダークツーリズムが担うべき本質的役割なのである。

第二章　1泊2日で150年を体感する

——小樽

観光の中心地である小樽運河

“観光都市”小樽

小樽は紛れもない観光先進地であり、毎年700万人を超える入り込みがある。ただし、観光客の滞留時間は平均して4時間ほどであると言われており、メインの観光コンテンツである運河通りの散策を済ませると、そそくさと札幌に向かう旅客が多く、夕方4時を過ぎると人影もまばらになってしまう。果たして、小樽には、4時間ほどの滞在の価値しかないのであろうか。

筆者は多くの共同研究者を小樽に抱え、一年に何度も小樽と関西を往復していた時期もあった。繰り返し訪問すればするほど、小樽の底知れぬ魅力に引きずり込まれてしまう。それは、単にガラスが綺麗だとか、寿司が旨いとかいったことではなく、小樽が持つ近代の悲しみの記憶に核心的価値を感じるからである。

明治以降の日本は、すでに１５０年という歳月を経験し、もはやその時代を短時間で把握することは難しくなっている。明治という国家、あるいは昭和という国家の姿を考えようとした時に、私たちにはもはや緒《いとぐち》すら見つからないかもしれない。

しかし、小樽の街には近代の記憶が断片的に残り、わずか1泊でも小樽で過ごし、先人の足跡を辿るのであれば、それだけでも大きな啓発を得ることができるのである。

さて旅に出てみよう。

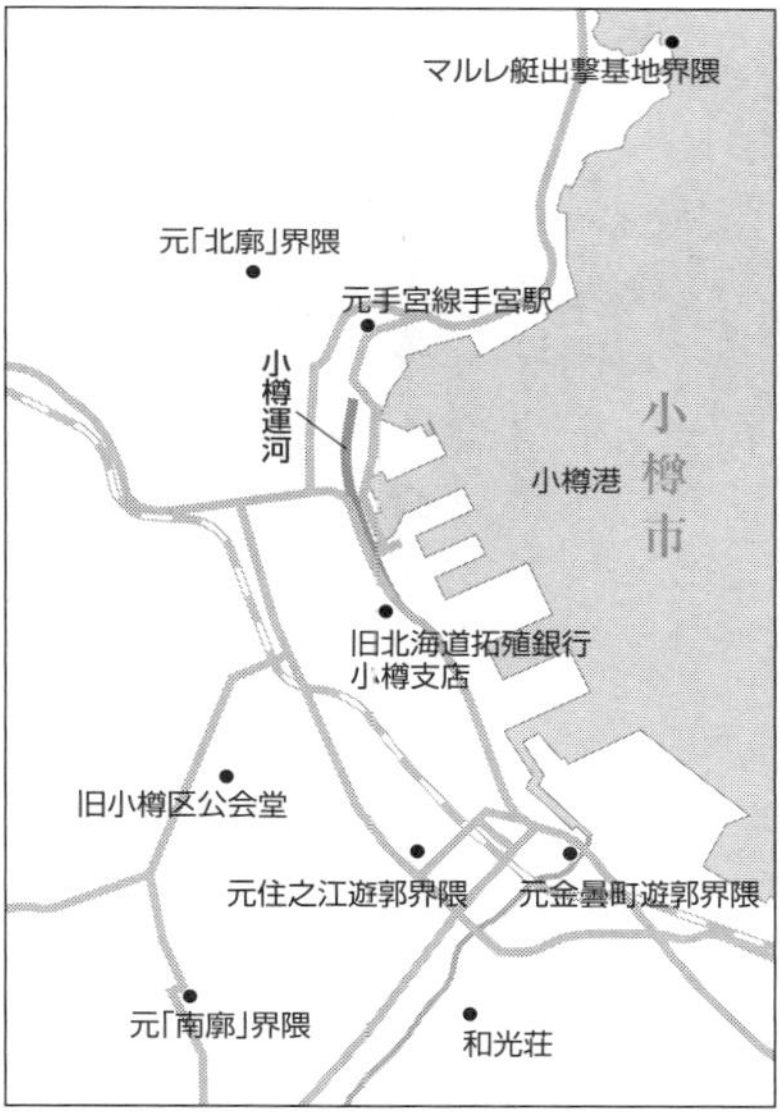

富の集中と女性の悲しみ

19世紀末に外国貿易の拠点港として整備された小樽には、莫大な富が流れ込むとともに、その景気を当て込んで多くの人が移り住み、豊かな経済力に裏打ちされた文化の隆盛を迎えることになった。人々は様々な地域から移り住んだが、江戸時代か

日本銀行旧小樽支店

らの北前船の伝統があったために、石川県や富山県といった北陸地方からは特に多くの流入者を確認することができる。街は、後に〝北のウォール街〟と呼ばれるほどの繁栄を迎えることとなった。この頃作られた建物として、現在は金融資料館として活用されている日本銀行旧小樽支店や多くの見学者を集める旧日本郵船株式会社小樽支店などが挙げられる。

これらは『るるぶ』等の一般的なガイドブックにも載っている情報であるが、ダークツーリズムの方法論を用いて街に接近する場合は、地域の悲しみの記憶を辿る必要がある。経済的な爛熟期《らんじゅくき》を迎えたここ小樽地域には、景気を当て込んで遊女が移り住むこととなった。

一般に、経済状況が芳しい地域には遊女が集中し、これは、確かに時代を問わない。ただし、帝国主義政策と連動しない江戸末期までのいわば〝牧歌的〟な売買春と異なり、明治国家体制における遊郭や、権力が事実上手入れをしない「曖昧屋」と呼ばれるいわゆる

「ちょんの間」については、殖産興業や富国強兵といった近代のコンテクストが読み取れる。小樽は、非公認の曖昧屋を都市中心部に残しつつ、ライセンスを受けた遊郭が火事により徐々に内陸に入っていった。

遊郭移転のきっかけとなった小樽の大火は、1881（明治14）年と1896（明治29）年に起こるが、それを機に、金曇町の遊郭が住之江、そして松ヶ枝（いわゆる「南廓」）に移転していった。その後、梅ヶ枝（いわゆる「北廓」）も整備され、歓楽街は活気にあふれていたようだ。現在、これらの地域に遊郭の名残りはほとんど見られず、極端に広い道幅が防火のための都市計画であったことを窺わせるぐらいである。

古い格子戸を残す建物の近くの餅屋のご主人に、かつての話を伺うと、「この通りはそれはもう賑やかでねえ。華やいでいたよ」と懐かしそうに往時を語ってくれた。実は小樽は、港湾労働者が多かったために、手軽に食べられて腹持ちの良い餅の食文化が発達した。今でも街中の至るところに餅屋がある。

高次文化都市としての小樽

小樽の街は、前述のとおり高度な経済都市であったわけだが、そういった街には、高次

和光荘

の文化も花開くことになる。銘酒で名高い北の誉酒造の社長旧宅であった和光荘は美しい佇《たたず》まいを見せ、現在は予約客に公開されている。内部には、何枚もの絵画が掛けられており、小樽が文化都市であったことがわかる。その中に、帝銀事件で犯人とされた平沢貞通の作品がある。平沢は、上京以前は小樽で暮らしており、ここで佳作を残した。この絵が飾られた部屋では、昭和天皇が1954（昭和29）年に来道された際にお休みになられたが、特に絵の掛け替え等は行わなかったそうである。昭和史の謎に満ちた画家の絵を、昭和天皇が目の当たりにすることになったというのは、どこか歴史の糸のつながりを感じてしまう。

小樽の街では、文芸も花開いた。この地の文化の拠点でもあった小樽商科大学は、小林多喜二、そして伊藤整という文学界の巨人を相次いで輩出している。小林多喜二は、少年時代から、学校を卒業し銀行員の職を失うまで小樽で暮らした。多喜二が勤めた銀行も、今は似鳥美術館として観光客の目を楽しませている。拷問死という多喜二の悲劇的な最期は、まさにダークツーリズム的なコンテンツであり、青年時代の多感な多喜二が共産主義に傾倒していく足跡を辿ると、そこには大正デモクラシーの残滓《ざんし》も見え、物悲しさが募る。銀行員時代の多喜二は、小樽の下層労働者の実態を目の当たりにして心を痛めながらも、曖昧屋で春を鬻《ひさ》いでいた田口タキに恋をする。その恋も、結果的には悲恋に終わってしまうが、小樽における多喜二の記憶は、自由な時代の崩壊、性労働の悲しみ、下層労働者の苦しみを感じさせる。

多喜二はダークツーリストにとって一級品のコンテンツであるが、小樽市は多喜二を観光面で推奨しにくい事情もあるかと思う。数年前、『蟹工船』の再評価が行われた際も、共産党がプロパガンダ的に多喜二を前面に出したことで、結果的に公的な観光パンフレットでは扱いにくくなった。したがって、ツーリストの側で事前に情報を集めつつ、旅を計画しなくてはいけない。この辺りは、政治と観光の関係性の難しさも感じ取れる。

似鳥美術館

運輸史から辿る小樽の繁栄

さて、鉄道マニアも多く小樽を訪れる。筆者は、幸いにしてと言うべきか、残念ながらと言うべきか、鉄オタではないのだが、手宮の小樽市総合博物館本館には往年の列車が並べられ、距離は短いが実際に走るものもある。

手宮線は、小樽全盛期の象徴的な遺構であり、廃線になった今でも以前の線路や踏切が確認できる。小林多喜二も手宮線で勤務先に通っていた。

この手宮線の始発であった手宮駅の位置は、小樽市総合博物館本館と重なるのであるが、この地は1924（大正13）年に大規模な爆発事故を経験している。近代の発展の過程で産業災害が発生することはやむを得ない面がある。ただ、筆者にとって問題に感じられるのは、古きよき繁栄の小樽だけが切り取られ、産業化にともなって必然的に発生する負の側面を消し去っている点である。小樽の近代化のために働いていた多くの人がここで亡くなっている。しかし、博物館の展示ではそれに触れることもなく、現地には慰霊の場もない。わずかに、遺体を安置していた浄応寺に碑が残されているぐらいである。小樽の光と影が織りなす歴史の中で、手宮の事故は様々な教訓を投げかけるはずである。小樽市は公式ホームページの「おたる坂まち散歩」（http://www.city.otaru.lg.jp/simin/koho/sakamati/

旧手宮鉄道施設

1410.html）の中で、この事故の悲しみに言及している。とすれば、ダークツーリズムの方法論を用いて、訪問者と悲しみの記憶を共有すべきではないだろうか。

もう一つ、運輸史から小樽を繙《ひもと》く際に考えなければならないのが小樽港の存在である。小樽が港街であることは何度も触れてきたが、ロシアに近いという地理的な条件は、小樽に独特の歴史が生まれる元にもなっている。

20世紀初頭、世界では社会主義革命の動きが顕著になってきており、ロシアでは1917（大正6）年に革命が起きた。ただし、この革命政府は、すぐにロシア領のすべてを制圧できたわけではなかった。反革命勢力（白軍）は革命軍（赤軍）および革命側非正規軍であるパルチザンと至るところで戦いを繰り広げた。ニコラエフスク（日本名・尼港）は、小さな港街であ

旧小樽区公会堂

り、1920(大正9)年当時は、白軍の統治の下、多くの日本人が住んでいた。このニコラエフスクが、5月に入り革命側の手に落ち、白軍関係者や一般市民、そして多くの日本人が虐殺の憂き目に遭うことになる。

事件の詳細は専門書に譲るが、小樽はシベリアや樺太方面の積出港であったため、この事件の報が入ると、慰霊の動きが高まった。犠牲者の遺骨は、先述の爆発事故で触れた浄応寺を経て手宮公園の慰霊施設に納められた後、現在は小樽中央墓地(いわゆる「最上《もがみ》のお墓」)に眠る。手宮公園は美しい桜で知られており、市民の憩いの場である。しかし、20世紀初頭の極東の虐殺事件の悲しみを背負う場所でもある。手宮公園と博物館は、高低差はあるものの距離的に大変近い。この街が有している悲しみを、歩きながら共有してみたい。

なお、手宮公園の慰霊施設は、実業家藤山要吉が費用を負担したものであるが、彼は非常に豪気で、大正天皇が皇太子時代に小樽を行啓した際に、滞在施設を建てている。これは現在、旧小樽区公会堂として公開されており、桁外れの金持ちの気風を感じ取ることができる。小樽の金持ちは、気持ちの良い豪気さを持っている。こうした場所を巡りながら、小樽の繁栄の時代を悲しみの中から感じ取ることができる。

陸軍〝特攻艇マルレ〟から第二次世界大戦を見る

さて、今回の旅では漁船をチャーターして、高島漁港を出発し、鰊《にしん》御殿やおたる水族館を海から眺めてみた。非常に興味深い地形が連なり、地質を楽しむ旅として愛好者が増えつつあるジオツーリズムの視点からも楽しいかもしれない。ダークツーリズムの観点からは、ここにいわゆる陸軍の「特攻艇マルレ」が隠されていたことが明らかになりつつある。マルレは、もともとは特攻を企図して作られたものではないが、大戦末期には体当たり攻撃のために全国各地の秘密基地に配備されていた。その一つが小樽の高島地区であることが小樽商科大学の江頭進教授の調査からわかってきた。実際に作業にあたったのは徴用された朝鮮の人たちが多く、最後の決戦の準備に関する労働力を半島出身者に頼っていたことは、幾分パラドキシカルにも感じられる。これは第六章の松代大本営でも見られる矛盾である。労働条件は過酷であり、見かねた地元民が隠れて差し入れしていたとの逸話も残っている。

ダークツーリズムの旅としてのダイナミズムは、風景の美しさと現実の悲劇とのコントラストの中に感じることがままある。海から風光明媚《ふうこうめいび》な入り江を眺めながら接近してみると、古い構造物も確認できる。この美しい海辺で、七十数年前に死を前提とした兵器の配備がなされていたことを鑑みる時、極限における若者たちの生と死の臨界を感じつつ、自分自身の命の意味や生き方を考えることにつながっていく。この時、およそ七十年前の地域の記憶が自分の体と一体化するかのような錯覚に一瞬とらわれてしまうほどであった。見慣れない風景の中での旅の体験は時に不思議な感覚をもたらす。

海上から見た高島地区

食を楽しむ

悲しみの記憶を見つめることは大切であるが、それだけで過ごしてしまうと、旅の終わり頃にはうつ状態になってしまう。最良の気分転換は食事である。普段は三食きちんと食べない人も、旅先では食事時間を軸にスケジューリングするため、しっかりと摂ることが多いと思う。既述した餅の他にも小樽には興味深い食がある。

小樽は小林多喜二を輩出しているものの、『蟹工船』の舞台とはなっていない。ただし、多喜二を意識したものかどうかはわからないが、小樽駅のかにめし弁当は鉄道マニアからの評価が高い。また、小樽に来たら義務と権利のように寿司を食いたいと思うかもしれない。小樽駅構内の伊勢鮨はミシュランの星を獲得した寿司屋がプロデュースした立ち食いの店であり、一貫から寿司を楽しめる。地元の人たちは毎日寿司を食うわけにもいかないので、日常の気軽な外食としてはあんかけ焼きそばが人気となっている。特にアーケードのある都通り商店街に名店が多い。アーケードにはオーセントホテルがあるが、ここのキャプテンズ・バーにはニッカのウイスキーを知り尽くしたバーテンダーがいる。

公共交通機関ではアクセスしにくいものの、コーヒー好きには、「カフェ・ミ・カーサ」（電話0134-32-0338　北海道小樽市天神1-12-1）を薦めておきたい。先ほど、小樽は北陸地方からの移住者が多かったと述べたが、こちらのマスターのルーツもそこから辿ることができる。彼は、若かりし頃ドミニカに移住し、現地で辛苦を味わいな

「カフェ・ミ・カーサ」のマスター

がら、コーヒー事業を成功させた。ドミニカ移民については、WEBで少し調べるだけでも、国の甘言に惑わされ、詐欺同然で海外に向かわされたことがわかる。初期の移民は、荒れ地を前に呆然と立ち尽くすしかなかったそうだ。海外移民に関しては、国家賠償請求訴訟になった例がままあるが、ドミニカのケースでは勝訴判決を得ており、国の政策が極めて杜撰《ずさん》であったことが判明している。店内には、現地での生活にまつわるディスプレイがあり、極上のドミニカコーヒーを楽しみながら、思索に耽《ふけ》ることができる。

また余市へのエクスカーションを計画する場合、小樽からトンネル崩落事故慰霊碑を右脇に見て、さらに古平を目指すと、海沿いに獲れたての海産物で埋め尽くされた海鮮丼を出す店が数多くある。旅のコンテクストに従って食を楽しむと、ダークツーリズムの思い出はより豊かになる。

『マッサン』が蘇らせた悲しみの記憶

小樽からのショートトリップとして、余市に足を延ばしてみよう。2014（平成26）年の秋口からNHKドラマ『マッサン』の舞台として、ニッカのウイスキー工場には多くの見学者が詰めかけた。ダークツーリズムポイントとしては、豊浜トンネル崩落事故の慰霊碑や仁木町霊園にある日中不再戦友好碑の前で、そっと手を合わせたい。

旧豊浜トンネル跡。現在は入り口が塞がれている

1996（平成8）年2月に、豊浜トンネルの入り口付近の岩が崩れ落ち、中に取り残された20名が命を落としている。事故の現場となったトンネルは閉鎖され、近くに新しく作り直されたが、余市から古平側に抜けたところに慰霊施設がある。現地を訪れてみると、圧倒的に美しい海岸の風景と20名が亡くなったという厳粛な事実の狭間《はざま》で、防災のあり方について再考することになるであろう。『マッサン』による観光客の爆発的な増加は、ささやかな慰霊の気持ちを持つ人をも呼び込んでいる。

日中不再戦友好碑

亡くなった人がいたことを忘れないということは、それ自体が供養の意味を持ち、私が取材をした際も、遺族ではないが手を合わせに来たという方と出会った。

余市にほど近い仁木町にある中国烈士園の日中不再戦友好碑は、北海道で亡くなった中国人労働者の追悼の場である。北海道は石炭を始めとして多くの鉱山があったため、徴用された朝鮮人や強制労働に就かされた中国人が多くいた。こうした人々の扱いについて、国レベルで政治問題は存在するけれども、故郷から遠く離れて亡くなった人への悼みは素直に捧げたい。現地では、毎年6月に慰霊行事が開かれ、草の根レベルの日中交流が進んでいる。

さて小樽ダークツーリズム紀行、いかがだっただろうか。小樽の街を2日歩くだけでも、日本が辿った近代の足跡を自分なりに嚙み締めながら、旅を楽しむことができるのではないかと思う。地域を悲しみの視点から見る時、そこには非常に価値のある姿が浮かび上がってくる。その瞬間を感じ取ることこそ、ダークツーリズムが有する本質的な意義と言える。

旅のテクニック

小樽は、新千歳空港から直通電車で一本なので通常はそれを利用するとよい。札幌からは、電車以外にバスという選択肢もあり、繁華街のすすきの界隈《かいわい》からはバスのほうが便利であろう。

宿泊地をどこにとるかであるが、これは結構な難問かもしれない。夜の娯楽が少ないので、夕食の後は手持ち無沙汰にならないだろうかという懸念ももっともだし、札幌があまりに近いので小樽を日帰りで訪れる人も多いかと思う。ただ、事前に調べていくとそれなりに趣のあるバーやスナックもあり、地方の小都市で「袖振り合うも多生の縁」といった風情を味わうこともできる。また、夜が早い分、朝市を始めとする朝食の場も充実しており、朝から海鮮丼を掻っ込むダイナミズムも楽しみたい。

北海道への観光客は外国人を軸に増加しつつあるのだが、小樽のホテルの供給がそれに追いついているとは言いにくい面があるため、宿泊をする場合は早めの予約を勧める。

第三章 極北の悲劇を追う
――オホーツク

ソ連の影が色濃く残る、稚内

北海道は、直観的にダークツーリズムポイントであると思う人は多いのではないだろうか。実際、入植の失敗や廃坑の跡など、数多くの悲しみの記憶が横たわっている。本章では、稚内から知床までのオホーツク海に面した北海道を、ダークツーリズムの方法論に基づいて辿ってみたい。

稚内市は日本最北端の市であり、次章で触れる日本最南端の市、石垣市とは姉妹都市である。南には南の悲しみがあり、北には北の悲しみがあるのだが、戦争が大きな傷跡となっていることは確かである。稚内の空港でレンタカーを借り出し、まずは稚内公園を目指そう。

稚内公園には、「九人の乙女の碑」があり、ここは情報通信に関心のある人にはぜひ訪れていただきたい場所である。

平和に暮らしていた南樺太の住民たちが突然の戦火にさらされたのは、終戦の年の1945（昭和20）年8月11日であった。日露戦争以降、南樺太は大日本帝国の一部を形成し、多くの日本人が居住していた。太平洋戦争当時、日本とソ連は、不可侵条約を結んでいたため、樺太の住民たちはソ連の侵攻の可能性をほとんど想定していなかったようである。今でこそ、歴史を振り返ればソ連の裏切りは論理必然のようにも感じられるが、それは現代人の傲慢かもしれない。一連の日本政府の終戦工作の中には、ソ連を仲介者とする案も検討されており、ソ連に対する危機意識は非常に薄かったことが推察される。

ソ連は、ヤルタ協定の秘密条項に基づき、対日参戦の機会を窺っていたとされるが、8月6日の広島への原爆投下が決定的な役割を果たした。日本の対米講和が近いと踏んだソ連は8月8日に宣戦布告をし、一方的に日ソ国境を侵した。

この時のソ連による侵略の状況は凄惨を極めた。それには複合的な要因が組み合わさっているが、大きな要因として強調しておきたいのは、軍の主力に訓練された正規兵が少なかったという点である。「第二次世界大戦において最大の被害を受けた国はどこか？」と聞かれた時に、敗戦国のドイツや日本を考える人も多いかもしれない。特に、日本の場合、東京大空襲で10万超、広島の原爆でまたも10万超という単位で死者が出ており、先の大戦で関係国中最大の被害が出たと考えることも理《ことわり》があろう。

しかし、ソ連の被害は、数の上でははるかに日本を凌《しの》ぐ。軍人だけで900万人程度は

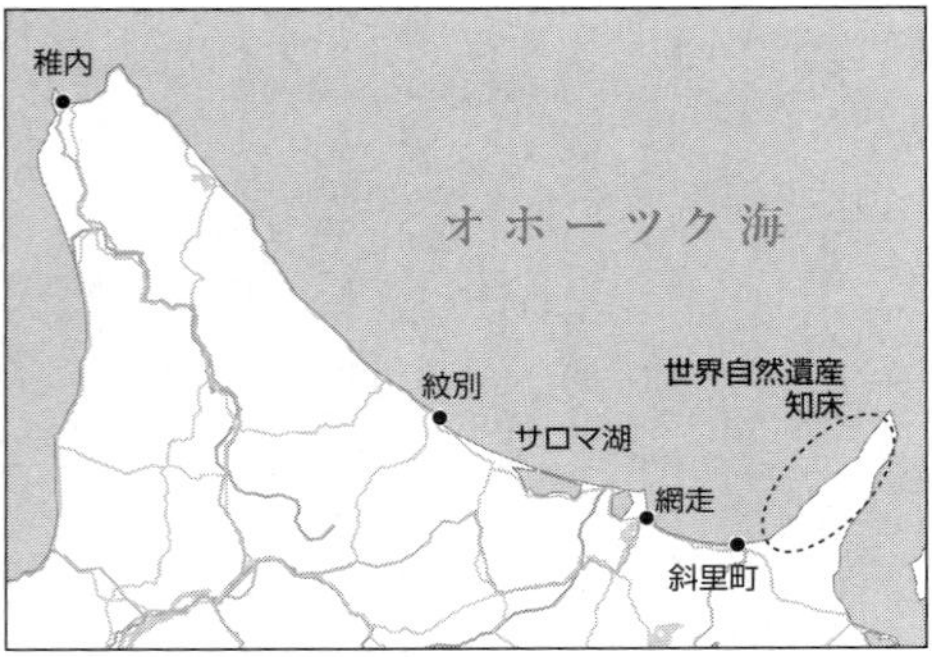

失っているという数値は複数のＷＥＢサイトで確認できる。ゴルバチョフは対独戦勝45周年集会の演説において、ソ連全体で２５００万人程度が戦争の犠牲になったと発言しており、いずれにせよ第二次世界大戦の最大の被害国であることは間違いない。ソ連は、１９４１（昭和16）年以降、ヒトラーとの間で独ソ戦を展開しており、ここで主力部隊を使い果たしてしまう。ナチスドイツとの戦いにおいては、いわば「ソ連の懐にもぐらせて、カウンターで叩く」ともいうべき戦法をとったため、ソ連領内のいくつかの街が戦場となってしまい、一般市民の死者がかなり出た。このソ連の市街戦については、拙著『ダークツーリズム拡張』（美術出版社）を参照されたい。

さて、この状況が日本にどう影響したかと言えば、シベリア方面のソ連の軍備が一時期、疎《おろそ》かになっていたことを意味する。シベリアの軍隊も、独ソ戦に駆り出されていたわけであるから、当然なのであるが、これはソ連の対日参戦に際しては、日本にとって負のインパクトとなって現れた。

ソ連の対日参戦は、練りに練ってなされたというよりも、前述のとおり原爆投下による終戦の接近が直接のきっかけである。ドイツの降伏は１９４５（昭和20）年の5月であり、そこから3カ月そこらで軍隊を立て直せるはずもなく、シベリア方面の戦力は、十分な訓練を受けていない急ごしらえの軍であった。

これは、兵士としての矜持《きょうじ》を涵養《かんよう》されることもなかった者たちが軍を構成してしまったことを意味している。戦場での倫理観も低く、略奪や強姦が横行した。

南樺太におけるソ連軍の侵攻の状況は、どのように本土に伝わっていったのだろうか。

戦時下において、情報通信を確保することは単に作戦遂行の面だけでなく、補給や民間人の保護などの観点からも非常に重要である。南樺太の拠点都市であった真岡（現・ホルムスク市）には郵便局があり、ここから現地の情報が本土にもたらされた。当時、郵便局には女性が勤務し、彼女たちは南樺太の最後の状況を稚内の受信局に伝え続けたのである。

ソ連が国境を越えた段階で女性たちにはすでに毒薬が与えられ、究極の状況下において自決する道が用意された。彼女たちは、ギリギリまで電信で情報を送り続けたが、最後には「皆さん　これが最後です　さようなら　さようなら」の言葉を残して通信は途絶え、9

「九人の乙女の碑」から樺太方面を望む

人が自決した。(注)

戦後、彼女たちの悲しい物語は稚内で語り継がれた。晴れた日には樺太を望む稚内公園の高台に、「九人の乙女の碑」が建てられ、彼女たちの霊を慰めている。昭和天皇と香淳皇后が行幸の際にこの話を聞いて心を痛め、犠牲となった者たちに思いを馳せた歌を詠まれたが、これは歌碑に刻まれ、慰霊碑の隣に建っている。碑の前で手を合わせたら、その後、稚内市北方記念館を見学しよう。北海道開拓の先駆者たちの苦労が偲《しの》ばれる展示となっている。

(注) 自決に際して述べた言葉には異説もあるが、ここでは碑文の記述に従った。

紋別方面へ

さて、公園を後にし、紋別方面に向かうと、途中で日本最北端の宗谷岬を必然的に通ることになる。写真スポットの近くには、間宮林蔵の立像もあり、樺太が島であるということを発見した彼の偉大さに感銘を受けつつ、北の景色を楽しむことができる。また、あまり知られていないことであるが、宗谷岬と道路を隔てて、高台から岬を望む公園には戦争遺構がいくつか残っている。対ロシアの戦争遺構はもちろんのこと、1943（昭和18）年の宗谷沖でのアメリカとの戦いに関連した慰霊碑も作られており、この地が地政学上重要な位置を占めていることを改めて意識させてくれる。旧海軍望楼などを見ながら、稚内が軍事的に難しい地であることを再度考えてみたい。

日露戦争直前に建てられた旧海軍望楼。右奥には太平洋戦争における日米の犠牲者を悼む平和の碑が設置されている

紋別までは200キロ程度であるが、これは北海道民の感覚ではわりと近い場所のようで、道すがらコンビニで雑談をすると「すぐですよ」とよく言われる。また、一般道であるのに非常に速度を出しやすい道なので、スピード違反等には注意したい。のんびりと紋別を目指そう。郊外には、風力発電の施

設が目立つが、実は稚内は市内電力の9割程度が風力で賄われており、環境先進都市であることも意識しておいてよいかもしれない。

鴻之舞金山と産業遺構

紋別は厳冬期の流氷観光が有名であるが、冬に行ってしまうと今回のダークツーリズムの旅は難しくなる。紋別への旅は、ダークツーリズムにおける遺構の重要性について考えさせてくれる貴重な体験となった。

紋別の中心街から、25キロほど内陸に向かってみたい。目的地は、鴻之舞金山跡である。この辺りまで来ると、携帯も通じにくくなっており、「人がいない」という感覚もはっきりとしてくる。

鴻之舞金山は、1917（大正6）年に住友が操業を始め、昭和30年頃にその繁栄の絶頂期を迎えた。当然のことながら、昭和10年代後半には、朝鮮半島からの労働力に頼っていたし、人種・民族関係なく落盤を始めとした事故の被害者は多い。かつて金山によって栄えたこの地区も、採算が悪化して閉山した後は全く人が住まない状況となり、小さな碑とわずかに残骸のように残った鉄道の橋脚が存在するのみである。ここで人々がどのような生活を営み、何を考えていたのかという記憶の跡を見出すことはかなり困難である。もちろん、市立博物館には金山に関する記録が展示されているが、現地に来てみたところで、ここで確かに生きていた人たちの息吹きを感じることはできないのである。

紋別のこの地区は、一時期ゴールドラッシュに沸いたという史跡としてのコンテクストを持っているので、観光資源として整備することも可能であったかもしれないが、閉山後に遺構になりうる物的施設がほとんど撤去されてしまっているため、今から何かを展開することは極めて難しい。東日本大震災においても、遺構の保存は大きなトピックになっており、一度撤去してしまうと、記憶の承継を困難にさせてしまうことがこの地を訪れることで実感できる。

人々の思いが化体《かたい》されたハードウェアは地域の記憶の承継を可能ならしめるが、ここ鴻之舞金山跡の物的な存在を欠いた場で理解できるのは、まことにもってアイロニカルな状況であろう。東日本大震災における遺構の保存に対して否定的な態度を取る論者は、鴻之舞金山跡をぜひ訪れていただきたい。

ただし、この金山跡は優良なコンテクストを持っているとは言うものの、仮に遺構を残していたとしても、周辺の状況が今のままでは、誘客はそれほど見込めなかったかもしれ

わずかに記念碑を残すばかりの鴻之舞金山跡

ない。誘客力のある他の観光施設との結合の上で動線を作らなければ、どんなに素晴らしい意図を持った施設であったとしても持続可能性を持たない。ダークツーリズムを考える場合、その施設の点としての素晴らしさだけが強調されがちであるが、他の観光施設との結合手法を早期に考えておくことは、誘客の維持のために重要である。

さて、紋別の市内から鴻之舞金山に向かう道中に見つかる旧上《かみ》藻別駅逓《もべつえきてい》にも寄っておきたい。駅逓は開拓期の北海道に存在した独特の制度である。鉄道が整備される前の北海道では、馬が交通輸送の主力を担った。馬は生き物なので、疲れたら休ませないといけないし、また水や餌も補給する必要があった。こう書くと駅逓は、アメリカの西部劇にも出てくるような馬の休養施設にすぎないと思うかもしれないが、これだけでは〝逓〟の文字の説明がつかなくなる。〝逓〟の文字は、もともとの「順に横に渡す」という意味から、郵便機能を表す文字として認識されるようになった。要するに、駅逓は今で言うところの郵便局に近い通信施設としても機能していた。情報の結節点となっていた駅逓には、色々な人々が集い、賑わいがあったようだ。しかし、鉄道の発達とともに馬の活躍の場はなくなり、急速に駅逓は姿を消していった。現在、北海道では数カ所の駅逓が修復されて公開されており、筆者はこの他に北広島市で見学をしたことがある。寒く広大な北海道の地を馬とともに歩いた人々の労苦が感じられるその場で、ぜひしばし時を過ごし、明治期の北海道開拓に思いを馳せてみたい。

観光依存の危険性

紋別の市街地に戻り、車をさらに東に走らせるとサロマ湖が見えてくる。サロマ湖は日本第3位の広さを誇る美しい湖である。湖岸には水芭蕉も自生しており、初夏には見事な景観が広がる。とすれば、さぞ観光産業も栄えているのかと言えば、佐呂間はホタテの養殖で潤っており、観光に頼らなくてもやっていける地域である。筆者はかねがね様々な場で、「地域と大学は観光に頼るようになったら終わりだ」という話をしているが、サロマ湖の多くの面積はホタテのために割かれており、観光船の通ることのできるエリアは限定的である。逆に、観光業が抑制されているからこそ、虚飾のない美しさを堪能できるのかもしれない。

少々話は横道にそれるが、産業としての観光の意義について考えておきたい。ある地域が観光に活性化の緒を求めるということは、それだけ基盤となる他の産業がないことを意味しており、多くの場合〝最後の賭け〟のように観光に期待してしまう。しかし、観光マーケティングはかなりテクニカルなものであるとともにハイレベルの知識を要求されることに加え、実は理論上正しい展開を試みたとしてもなぜか成功しないという例もままある。

京都は巨大観光都市と思われているかもしれないが、ここは京セラや堀場製作所など日本を牽引《けんいん》するベンチャーを長年にわたって生み出してきた都市であり、産業基盤は非常にしっかりとしている。世界最大の観光都市であるパリも同様で、実は観光に頼らなくても経済の土台は揺るがない。

大学に関しても、経営学部で学生を集めることができなくなり、それまでトラベル専門学校に行っていた層を取り込むために観光学科を急ごしらえしたところも多い。今は、観光学科が乱立したため、単に観光系の学科があるというだけで学生を取り込むことも難しくなり、東京成徳大学や鈴鹿大学など、観光系学部・学科を閉めるところも増えている。

観光は、流行り廃《すた》りも大きく、先が読めない産業であるからこそ、大学経営の基盤をここに頼ってしまうのはやはり危険であって、あくまでも大学が持つ余力の範囲か国公立大学が地域貢献の一環として運営する程度にとどめておいたほうが無難であろう。

足尾鉱毒と佐呂間

さて、話を再び佐呂間に戻す。この佐呂間では湖を眺めたり、雄大な景色を堪能するなどといった楽しみ方しかないように思われがちだが、実はここには近代の歴史の荒波を懸命に生きた人々の営為が刻まれた地区がある。それは、少し内陸に進んだ栃木地区というエリアである。北海道には、本土の地域の名称を用いた場所が多くある。北広島市は広島から、釧路の鳥取地区は鳥取からの移住者が作り上げた街である。これだけではあまり栃木地区を訪れる意味を見出せないかもしれない。ただ、この地域が、「栃木県の足尾銅山から流出した鉱毒の影響のために、移住を余儀なくされた人々によって開拓された地域であり、その開拓者たちが栃木の名を冠した」と聞かされた場合はどうだろう。この情報を得て、サロマ湖を眺めながら考えてみると、ちょっと寄って現状を見てみたいと思うのではないだろうか。

現在は大規模な畜産農家で集落が構成されており、豊かな農村の風景が広がっているが、ここに至るには紆余曲折《うよきよくせつ》があったそうだ。

1911（明治44）年に足尾銅山の鉱毒問題に絡んで、栃木県内の被害地域から入植者を募り、この地の開拓が始まった。実は、開拓は初年度から多くの脱落者を出しており、開墾作業が過酷であったことが窺い知れる。その後、入植者は他県にも広がりを見せるとともに、栃木県からさらに入植者が移り住んだこともあったものの、やはり離農者も断続的に発生した。

そうした状況であったため、当然帰郷運動も早い段階から起こった。衝撃的だったのは、開拓者世代だけでなく次の代になっても帰郷運動が起きていたことであった。移住元の地域に関する記憶がない2世であっても、現状が辛く、親の世代から故郷の良さを繰り返し聞かされると、「まだ見ぬ故郷への望郷の念」が湧くようである。昭和40年代に入り公害が社会問題化するにつれて、足尾鉱毒問題がにわかに脚光を浴びるようになり、その流れの中で、大規模な帰郷運動が盛り上がった結果、相当数の栃木県への帰還が実現したのである。この話は、広範囲の環境汚染による移住という観点からは、福島第一原発の問題とシンクロする。福島第一原発の事故によって故郷を離れざるを得なくなった人々は多くいるが、こうした人々の帰郷も20～30年ではなく、50年という非常に長いスパンで考えることになるのであろうかと思うと環境汚染の持つ業の深さというものが改めて感じられた。

一般に移住者によって構成される共同体は、〝ディアスポラ〟社会と呼ばれる。これは、ユダヤ人が故郷を追われた後、彼らが diaspora と呼ばれたからであるが、今では、移住者一般を diaspora と呼び、ユダヤに話を限定する時は Diaspora と大文字で始めることが多い。

〝栃木開基百周年記念之碑〟の前で佇む筆者

北海道は、移住者で構成される典型的なディアスポラ社会であり、移民社会の歴史は様々な苦難を必然的に有している。筆者はこれまでも、北海道の観光資源としてのディアスポラ文化とその悲しみの重要性について何度か論文で指摘したことがあるので、関心のある向きはぜひ、拙稿「北海道観光のこれから：その可能性と方向性」（穴沢眞・江頭進編『グローバリズムと地域経済』〈日本評論社〉所収）を参照されたい。佐呂間町栃木地区には、栃木県から移住者の熱望によってわざわざ遷《うつ》された多聞寺と呼ばれるお寺もある他、栃木が起源とされる八木節の展開も見られ、移住者が元の地域の文化をどのように受け継いだのかという文化承継を感じることもできる。この地区における地域史は、日本の近現代のうねりの中で移住者が経験した苦難である。その悲しみの歴史こそが、まさにこの地に立ち、周囲を眺め、そして考える価値のあるコンテンツではないかと思われる。

網走監獄とダークツーリズム

次の目的地である網走監獄に向かって、車をさらに南東に走らせよう。能取湖《のとろこ》に続いて網走湖が見えてくる。網走湖には温泉が湧いているので、ここに宿をとるのも面白いかもしれない。網走湖荘は、終戦直後に公職追放になった浅利栄一が、私財を投じて地域振興のために建てた温泉旅館であり、ここに泊まること自体が網走の近代史の影を考え直すことにつながるとも言える。

観光協会を併設している道の駅で情報を仕入れ、各自の興味に合わせてオプショナルな予定を立てるとよいかもしれない。東京農業大学の地方キャンパスもあり、農業も盛んな地域であるゆえ、評判の良い観光農園が点在している。

さて、〝網走監獄〟と聞いて、皆さんはどのようなイメージを持たれるであろうか。高倉健主演の映画『網走番外地』のシリーズによって醸成された印象はかなり強く、何か怖そうなところだと思う人もいるかもしれない。実はここの正式名称は「博物館　網走監獄」であり、博物館法上の博物館に該当するれっきとした教育施設であるとともに、ある種のダークツーリズムの理想形を作り出している。

食堂で供される監獄食A

現地に到着したらすぐに見学に向かいたいであろうが、腹が減っては広大な内部を歩き続けられないため、スケジューリングにはぜひともランチとして監獄食を楽しむ時間を組み入れていただきたい。この監獄食は、味噌汁を除いて実際に現在の刑務所でも出されているそうで、メインディッシュはホッケかサンマを選べるようになっている。飯は米7、麦3の配合であるが、特に「臭い飯」ということもなく、全体的にかなり美味しい。以前はコスト面から麦を混ぜていたこの方式も、麦価の上昇にともない経済的合理性は失われつつあるようである。ただ、食物繊維を手軽に摂取できるため、健康食としてはまだまだ意味があるかと思う。

罪とは何か

さて、ここの見学にどのくらいの時間がかかるかといえば、概略を見て歩くだけでも2時間ぐらいかかり、真剣に考えながら歩くとゆうに丸一日潰れてしまいかねない。何と言っても北海道の刑務所である。地図上でざっと見ただけでもおよそ400メートル四方あり、東京ドーム3・5個分の面積を誇る。冬なら遭難しかねないのではないかと思う広さである。

建物自体は、もともと別のところで本当に使われていた施設を移築している。明治の建築に興味がある人にとっても心惹かれる建造物群であろう。ちなみに、後述するメインの舎房を始め、いくつかの建造物が2016（平成28）年に重要文化財の指定を受けている。

博物館は、網走刑務所の門を入るところから始まり、家族との面会室や庁舎（管理棟）も復元されている。少し離れた建物には、冤罪《えんざい》事件として有名な〝梅田事件〟の再審決定が出された釧路地方裁判所網走支部の法廷も再現されている。この事件は強盗殺人の首謀者が、一方的に梅田義光氏を共犯であると主張し、警察・検察がその供述にそって捜査を行った結果、梅田氏に無期懲役の判決が出てしまった事件であり、彼は、仮釈放後に再審請求を行い、長い時間を経て無罪が確定する。冤罪事件の典型例とも言え、現代法を考える上でも興味深い展示である。

順路に従って歩いて行くと、休泊所と呼ばれる野外作業者向けの仮小屋も見つかった。日帰りできない遠方での作業の時は、小屋に泊まって辛い作業に従事させられたそうだ。その後、調理場や食堂、農作業場など様々な復元施設を見学して回ると、確かにリアルなジオラマが往時を偲ばせるが、全体に形式張らずに、取っつきやすい展示になっており、見ていて飽きがこないように工夫されている。体験型の展示もたくさんあり、囚人服のコスプレや囚人労働の模擬体験などもできるようになっている。

遺構として圧巻なのはやはり五翼放射状舎房であろう。1912（明治45）年に完成したこの施設は、ある意味で明治国家体制の象徴とも言える建造物である。明治の全期にわたって、日本は行刑制度を整備し、イギリス・ドイツ・フランスと様々な先進国に範を取りつつ、刑務所を作ってきた。1908（明治41）年にドイツ型の監獄法が制定されるものの、その時代に入ると日本の監獄はヨーロッパ先進諸国の建築の長所を取り込みつつ、日本各地の風土に合わせてアレンジされた形態で建てられるようになった。網走監獄は、

囚人のコスプレ。左端が筆者

道東の厳しい気候に耐えつつ、堂々とした赤レンガの建築物としての威厳を保ってきたが、その相貌は欧米から学びつつも、近代国家としての成熟を果たした日本の歩みが具現化されたものであると考えられる。

さて、これだけで帰ってしまうと、ただの刑務所のテーマパーク訪問になってしまうので少し本質に迫りたい。こちらの博物館のまさに博物館施設である「行刑資料館」が、ダークツーリズムポイントとしての価値を与えている。一般社会にいると、刑務所がどこか遠いところだと思いがちであるが、実はあちらの世界とこちらの世界は二分されておらず、連続的に存在している気がしてならない。私自身は大学を卒業してしばらく裁判所事務官をやっていたので、ちょっとしたことでいとも簡単に塀の向こうに落ちていった人々を見てしまった。貯金のない一人暮らしで病気が続けば万引きに走る人が出ることは論理的には想定できるし、夫婦げんかの途中で手が出る人もいるだろうし、酔っ払って何か不埒《ふらち》な行動をとってしまうことも理解の範疇《はんちゅう》であろう。ただ実際、そういった「悪いことをした」人々が刑事事件の被告として連日法廷に立っているのを見ると、娑婆《しゃば》と刑務所がそれほど遠い存在ではないことが体感できた。

この資料館では、訪れる人に「罪」とは何かということを再考させている。「刑務所に行く人は悪い人」というのは子供でもわかる理であるが、この〝悪い〟を決定しているのは一体誰なのであろうか。実は、網走監獄の初期の収容者は、西南戦争で負けてしまった西郷軍の兵士であった。明治政府は、彼らを囚人とし北海道開拓の労働力として酷使したのである。犯罪というものは、権力側が定義してしまう性質があり、同じような問題点は思想犯に関する展示でも見ることができた。網走には、戦後日本共産党書記長となった徳田球一が治安維持法違反で収監されていたことがあり、沖縄出身の彼には、特高警察の拷問よりもここの寒さのほうが厳しかったことが窺い知れる記録もある。

一方、国側の発言者のパネルを見ていくと、明治期において、犯罪者というのは国家にとって危険な存在であるがゆえに、それを労役で酷使するのは当然であり、たとえ死んだとしてもやむを得ないという考え方に拠《よ》っていたことがわかる。

また、原爆を落としたB29が飛び立ったテニアンの飛行場をもともと作ったのは日本軍であり、その労働力としてこちらの囚人が充てられていたという歴史に関する展示もあった。犯罪者が、更生させる対象ではなく、国の都合で使われる無償の労働力と考えられていた時代、彼らがサイパンあたりまで送り出されていたことは興味深い。国家が犯罪を規定し、抵触者を労働力として酷使することが果たして妥当なのか、今一度考えてみる必要があることに、ここは気づかせてくれる。何を罪とするか、そしてどのような罰を与えるかがブラックボックス化されてしまった場合の社会の危険性をこの場で感じ取っていただきたい。

地域と受刑者

資料館で覚えたもう一つの感慨は、街がいわば迷惑施設とも言える監獄の存在をどのように受け止め、どのように共存してきたかという地域の歴史と覚悟の深さであった。網走は街の始まりから刑務所があり、高倉健主演の映画『網走番外地』シリーズがヒットして以降、街のイメージが刑務所と分かちがたく結びついてしまった。旧刑務所の建物が解体されることになった時、街の有力者だけでなく市民たちも建物を移築し、保存することを選択した。これは、明治の行刑施設を遺構として残すというだけでなく、日本近代史の負の部分を地域の大切な記憶として次世代に残し、伝えていこうという志でもあった。

私は、この施設を4回訪れており、初めて訪れた時は実は今のような立派な展示ではなく、粗削りな面もあった。それがリニューアルされた時には、現在の研ぎ澄まされたものになっていたわけであるが、旧展示が様々な意見を受け、より良いものにイノベートされたことが理解できた。地域自身が、受刑者を抱えてきた歴史に向き合うことを選び、それを外部に発信することで何らかの反応を受け取り、そしてまた生まれ変わる好循環モデルを見出せるのである。より具体的には、地域が更生活動に取り組んでいる様子も詳しく紹介されており、この地が単に刑務所の街というだけではなく、社会に戻っていく入り口であることも深く意識させる展示となっている。

私が67ページで、ここを「ダークツーリズムの理想形」と記したのは、監獄食を食べたり、途中コスプレを楽しんだりしながら、帰る時には何らかの知識や知恵を持ち帰れる場所と言えるからである。原爆ドームやひめゆりの塔に行く場合、行く側にもそれなりの覚悟がいるし、それゆえ、ハードルの高さも感じられる。ところが網走監獄の場合、導入部分があまり大仰ではなく、歩いているうちに大切なことに気づかせてくれる仕組みになっていることに驚かされる。

左派文化としての世界自然遺産、知床

旅の最後は、美しい世界自然遺産、知床を目指す。と言っても、私の旅であるから、美しい景色を見て心がなごむというわけでは当然ない。もちろん、旅に出ていた間は、最後は知床で気分転換をして帰ろうというぐらいに考えていたわけであるが、偶然ダークツーリズム的な側面を見つけてしまったので、それに触れて旅を締めくくることにする。

網走から知床はそれほど遠くなく、2時間もかからない。知床は世界自然遺産としては白神山地と並んでアクセスの良いところである。同じ世界自然遺産でも、小笠原諸島は船で丸一日揺られないと現地に辿り着けないし、屋久島も見どころを楽しもうと思ったらかなりの距離を歩かなければならない。知床の場合、人間の手が入っていない「核心地域」がビジターセンターのほど近くまで迫っており、さらに船から知床岬を見られるので、まさに観光気分で訪れることができる。

私の場合、エコツーリズムは専門ではないので、今回の訪問は、純粋に観光客としてこの地を楽しむものであった。ランドスケープ（風景）の特徴としては、世界遺産の緩衝地域に入る直前の道路は欲望にまみれた商業主義の看板がそこら中に立っているのに対し、世界遺産地域に入った瞬間からそういったものが姿を消しており、まるで外国に来たよう

な気分になってしまった。この、まさにギリギリの〝婆婆〟にある「道の駅うとろ・シリエトク」の「知床世界遺産センター」は、ゲートウェイとしての機能を持っており、現地のビジターセンターと連携して知床の情報を発信している。しかし、知床の旅を、ダークツーリズムとして認知するためには、第三の施設に行ってみなければならない。それは、道の駅から知床五湖のビジターセンターに向かう途中にある「知床自然センター」である。ただ、知床自然センターに行ってみても、既述の2施設との違いはまだはっきりと見えてこない。知床の抱える影は、知床自然センターのさらに奥にある、「しれとこ100平方メートル運動ハウス」まで足を延ばして初めて触れることができる。

実は、知床の美しい原野は、麗しい話ばかりでその成り立ちを説明することは不可能である。佐呂間の項でも述べたが、北海道には開拓に入ったものの、志半ばで土地を離れる人も多かった。知床は、離村者がかなりの数に上り、集落自体が消滅してしまったケースも相当数あった。

他方で、昭和40年代以降、高度成長にともなう住宅不足は大量の木材需要を生み出していた。国はこうした木材の供給元を北海道にも求め、ここ知床の斜里町にも林野庁が正式にプロジェクトを組み、大規模な森林伐採が計画された。林野庁の伐採が始まったのは1

９８６（昭和61）年であったが、町はすでに全国に森林保護の要請を行い、環境保護に関心のある〝市民〟たちが呼応した。市民運動は、その後ナショナルトラスト（大きな土地を分割し、志を同じくする市民がそれぞれ買い支え、最終的には集約して環境保護を試みる方式）的な広がりを見せた。ただし、その過程では全国から〝運動〟に長《た》けた人々が集まり、団結小屋を組織して行政による強制伐採に対して組織的な抵抗を繰り広げた。

5月でも氷に閉ざされた知床五湖

　先ほど、〝市民〟と、〝〟で括ったのは、一般的な意味での市民だけでなく、こうした活動家も現地に多数入ったからである。沖縄や広島の平和運動で見られるようなある種の専門家がここにも入り込んだことになる。今日、こうした活動をする人々は、しばしば〝プロ市民〟と呼ばれてネットで嘲笑の対象となりやすいが、知床においてはこういった人々の運動が全国的な広がりを見せ、それが政府に伐採の中止を促すことになった。左派的な市民運動が結実し、環境保護が実現した例として、知床は社会科学的にも大きな意味を持っている。世界遺産登録の際、ユネスコはこうした市民運動も重視しており、単に自然が美しいとか大切だなどという理由の他に、「市民が自然を守った」という点が高く評価されたことにも留意しておきたい。こうした経緯は環境省もほとんど言及していないが、それは林野庁の失政を明かすことにもなるのでやむを得ないのかもしれない。

筆者は20世紀の左翼文化もダークツーリズムの対象だと考えており、その左翼文化が新しい価値を生み出した稀有《けう》な例として、この知床の世界自然遺産を認知することも重要なのではないかと考えている。

長い旅であったが、最後は知床で渡り鳥の姿などを愛《め》でつつ締めくくるとしよう。美しい自然環境にもダークサイドが隠れており、ダークツーリズムは地域の多面的な記憶を知る上で有効な手法であることを再確認しつつ。

旅のテクニック

●移動手段と行程

今回の旅では、必然的にＡＮＡをベースにせざるを得ない。実は、稚内空港も紋別空港もANAしか就航しておらず、そもそも他にチョイスがないのである。理想的なモデルとしては、稚内もしくは女満別空港まで飛行機で行き、レンタカーでもう一方の空港を目指すと時間と距離のロスが少ない。しかし、それでも200キロ以上運転することになるので、滞在日数が短い場合は、稚内と女満別の間にある紋別空港を組み合わせて、複数回に分けてこの地を訪れるルートを設計してもよいかもしれない。紋別空港には、レストランもめぼしい土産物売り場もないので、帰路で使う場合は注意を要する。

また、今回紹介した稚内公園や紋別の旧上藻別駅逓は、冬には閉鎖されてしまうため、旅のルートに組み入れるには、時期的な制限がかかることにも注意されたい。

●ホテルについて

稚内で泊まるのであれば南稚内駅周辺に宿をとるか、それとも稚内駅あたりにとるのかが悩ましい。稚内駅周辺は、観光客向けの大型のホテルが多く、個性を持った飲食店もあまり多くない。一方南稚内は、地元密着型の飲食店が多く、安くて趣のある食事が供される。したがって、宿が稚内駅周辺だったとしても、食事は南稚内まで出ることをお勧めする。タクシーでもワンメーター程度なので安心して乗れるが、南稚内駅と稚内駅の間は、一度は鉄道移動をしてみてはどうだろうか。日本の東西南北の端にある4駅の中で、本当に最果てにあるのは実は稚内駅だけであり、他の3つは線路が続いている。稚内駅自体が、観光名所としても有名であるため、日本最北端の駅を味わってみてほしい。次の目的地である紋別には、温泉のあるホテルが一つしかなく、途中の枝幸《えさし》には良い温泉が湧いているため、枝幸で立ち寄り湯を楽しんだりしてもよいかもしれない。私自身は、枝幸に宿をとり、リーズナブルな価格でカニ料理を堪能した。網走は文中でも触れたとおり、湖畔に温泉付きホテルが多くあるので、宿泊にはさほど困らないであろう。

●栃木地区の資料について

ここは予習をしないと、単に「酪農の町」に見えてしまうので、佐呂間町町民センターの栃木歴史資料室で事前調査をしてから現地を訪れたい。同町のホームページ内で「もう一つの栃木」を検索すると豊富な資料を見ることができる。

佐呂間の栃木地区に関する学びについては、佐呂間町教育委員会社会教育課（メールアドレス：samanabi@town.saroma.hokkaido.jp）に連絡すれば、可能な限り対応いただけるとのことである。

第四章 南の島の疫病と搾取
——西表島

エコツーリズムの聖地、西表島

2014（平成26）年の1月に、私は初めて西表島を訪れた。西表島は、エコツーリズムの聖地であり、ダークツーリズムポイントとしては見るところがないのではないかと思っていた。今回西表行きを考えたのは、やたら安い海外発券の航空券を手に入れたからであり、「とりあえず行ったことのないところに行ってみよう」という程度の思いつきであった。筆者はダークツーリズムを強固に学びの旅として位置づけるのではなく、「物見遊山で行ってみたら、かなりためになった」という類いの旅も、十分意味深いダークツーリズムの一態様であると思っており、今回はそれを具現化した旅であった。

西表島は、戦争を始めとして、病気や貧困などが複雑に交錯した歴史を持つ。しかも、その多くは近代以降の出来事であり、今なお地域に影を落としている事件もある。

西表島への上陸

西表に行くには、まず石垣空港に行き、そこから30分ほどバスに乗って石垣港に出た後、フェリーに乗るというのが通常のコースである。石垣港からは、複数の船会社がフェリーを運航しており、40分程度で西表に辿り着く。チケットを相互に使える会社もあり、自分のスケジュールに合わせて船を選ぶとよい。

西表はホテルが高いという難点がある。これは、生活に必要なあらゆるものを船で運ばなければならないという事情があるからであるが、そもそも石垣にあるような気楽なビジネスホテル的シングルルームがほとんどないことも理由である。一般に西表で泊まろうと思ったら、素泊まりでも1万円以上する豪華ホテルにするか、もしくは全く逆路線の風呂・トイレ共同で4000円以下の民宿を選ぶしかない。私は非常に幸運にも、ペンションを1泊だけ確保できたが、多くの旅行者はこういった偶然の恩恵に浴することは難しい。そこで、西表と比べるとはるかに安くて、価格の割に快適な石垣の市街地のホテルをとり、朝早くに石垣港から船で出かけ、1泊だけ西表に泊まり、翌日の最終便で石垣に戻るという旅程が現実的だと思われる。ただ、この辺りはツーリストそれぞれに価値観が異なるので、あくまで個人的な意見にとどめておく。

西表島も属している竹富町は、このご時世にもかかわらず、人口が増加している。全国から転入が増えており、私が西表で出会ったペンションのオーナー、居酒屋のマスター、

カフェのママさんすべてが本土から移り住んだ人々であった。田舎の島なので地域が閉鎖的なのかと思ったが、このエリアは旧大日本帝国においては台湾との交流ルートに位置しており、人の行き来がかなり多くあった。というよりもむしろ、近代国家が意識される以前から、中国や東南アジアを含めた広い交流圏が成立していたと言ってよい。それゆえ、異邦人を受け入れる歴史的および文化的な素地が受け継がれてきたのであろう。この居心地の良さがリピーターを生み、西表を全国屈指のエコツーリズムの聖地に育て上げたのではないかと推察している。

さて、石垣港から西表島に行く船はそれなりの本数があるものの、昼はさすがに少なくなるため、朝は早めに動き出したい。

西表の玄関となる港は、上原港と大原港の2つがあるが、どちらを選んでもよいというわけではない。実は、石垣港と上原港を結ぶ航路は気象条件により使えないことがままあり、特に冬場は欠航しやすい。石垣港を出て上原港を目指してみたものの、波が高くて大原港に向かうということもある。この場合、大原港に着いた後、上原港に行くバスを出してくれるが、時間に余裕がない旅行者にとっては、初めから上陸の可能性が高い大原港を拠点とした旅行プランを作ったほうが合理的である。

西表に上陸したら、レンタカーを借りることになるので、これもあらかじめネットで予約しておいたほうが無難である。業者は数社あるが、価格はあまり変わらない。西表島には、一応公共交通機関としてバスがあるものの、本数が非常に少なく、旅行者にとってこれを移動手段とすることは現実的ではない。

また、後ほど紹介する「忘れな石」（正式には、「忘勿石」と書くが、ここでは慣例に従って記す）などは、バスの路線から外れてしまっているため、車を借りないと事実上辿り着けない。ドライブは道が一本しかないのと、島に信号が2カ所しかないことから、非常に快適に楽しめる。信号2カ所のうち、1カ所は小学校の前にあり、もともと信号を取り付けるほどの交通量はなかったが、信号のルールを知らないで子供が島外に行ってしまうと危険であるため、交通教育のために作られたと聞いている。

ドライブの際に注意すべきは、人に対する事故よりもむしろ山猫をはねてしまうことで、天然記念物をついうっかり轢《ひ》いてしまうことは心理的な負担も大きい。全島において、制限速度は40キロであるが、これはイリオモテヤマネコを守るための合理的な速度であるらしい。山猫に気をつけつつ、島内を移動してみることにしよう。

強制移住の記憶を刻む「忘れな石」

大原でレンタカーを借りて、西表島の観光マップをもらおう。地図を見ると一目瞭然だが、西表島は西側に手つかずの自然が残り、そこには道路すらない。初めは大原から少し西に行ってみたい。道中、〝日本最南端のバス停〟があり、私が訪れた時もマニアが熱心に写真を撮っていた。このバス停のあるところは、豊原と呼ばれる集落であり、戦後に入植が成功した地域である。この集落のさらに西側に、南風見《はえみ》と呼ばれる地域があり、ここでは移住者の多くが亡くなってしまった悲しい歴史を持つ。

ここは入植というよりも、実態は、第二次世界大戦末期、旧日本軍がこの地域を効率的に統治するために、近隣の波照間島《はてるまじま》にいた住民を強制的にこの地に移住させたと言うほうが正しい。沖縄県において二番目に大きな面積を持つ西表島であるが、実は人が住んでいる面積はそれほど広くはない。石垣島を中心とした八重山諸島では、「ここから先は行ってはいけない」という戒めが、様々な民間伝承の中に織り込まれているそうだが、それはハブがたくさん出るところやマラリアの危険区域を避けるための知恵が代々受け継がれてきたものだと考えられる。

南風見も、歴史上人が住むのを避けていた地域であったが、現地の事情を知らない帝国軍人は、波照間の住民を南風見に強制移住させ、労働に従事させた。しかし、案の定、マラリアが大発生し、移住した住民の3分の1が亡くなったという記録がある。この強制移住は、単に軍がその権力を示すためにのみ強行したのではないかとも言われており、論理的な根拠に乏しいものであった。この地域に住む人々が日本政府に対して懐疑的な気持ちを持ってしまうのも十分うなずける逸話である。

マラリアの悲劇が刻まれた忘れな石

沖縄戦終結後、生き延びた波照間の人々のリーダーが、この悲しい事件を忘れないよう石に記録を刻むとともに、後には慰霊塔を設けて地域の悲しみを受け継いできた。

この石は「忘れな石」と呼ばれている。私が取材に訪れた時は、雲一つない青空であり、遠くに波照間島を望むことができた。ダークツーリズムポイントは、風光明媚な美しいところが多いが、これがますます悲しみを深く心に残すことになる。

宇多良炭坑跡

さて、南風見地区を出て、1本しかない道路を徐々に北上してみる。ダークツーリズムポイントとしての次の目的地は、浦内川《うらうちがわ》の流域であるが、島をぐるりと回り込むため、目的地までは1時間ほどかかる。浦内川に至るまででも、由布島《ゆぶじま》の水牛車渡しやイリオモテヤマネコについて学べる野生生物保護センターなど、ハイレベルな観光ポイントが待っている。筆者は素人であるが、この地域の植生も非常に特徴的なものがあるそうで、エコツーリストたちがそれを楽しみに来ることも多い。

ダークツーリズムの旅だからといって、ずっと悲しみの地だけを辿ることは、心理的な負担が大きい。東日本大震災の際に、被災者の心理的ケアをするために、臨床心理の心得のある者やセラピストたちが被災地に入ったのだが、長時間連続して被災者の話を聞き続けて、相談を受ける側の心が折れてしまうことがあった。ダークツーリズムの場合も同様

宇多良炭坑跡。すでに大きな建造物は朽ち果ててしまっている

の問題があり、辛い場所ばかりを訪ねていると、旅人の心が持たなくなる。適宜気分を変えつつ旅を続けることは、心の健康の維持という観点からも重要である。だからこそ、西表の代表的な観光資源を楽しみながら、旅をしたい。

浦内川は、川遊びを楽しもうとするエコツーリストたちにとって人気の場所である。マングローブの林も広がり、日本とは思えない風景が広がる。本格的なカヌーの他に、遊覧船で景観を眺めたり、トレッキングを組み込んだ滝の観賞なども多くの参加者を集めている。私ものんびりと遊覧船の旅を体験してみたが、心洗われるような時間を過ごせた。

　実は、この浦内川の遊覧船乗り場から少し奥に行ったところに、宇多良炭坑跡がある。西表島に炭鉱があったというと意外に思う人が多いのではないだろうか。実は、西表の炭鉱の跡はここだけではなく、内離島《うちばなりじま》にもあるのだが、そこは追って説明する。かつての炭坑への道は、よく整備されており、サンダルでも十分行くことができる。過酷な労働環境については、わずかな説明しかないため、インターネット等で予習をしていったほうがよい。行き止まりには、炭坑の跡があるものの、89ページの写真が示すとおり、コンクリートの残骸ともいうべき遺構があるぐらいで、第五章で紹介する三井三池炭鉱のような大規模な展示ではない。ツーリストは、自分の用意した資料で、往時に思いを馳せるしかない。東日本大震災の被災地でも、遺構の保存については様々な意見が錯綜《さくそう》しているが、モノがなくなってしまうと記憶を受け継ぐことが非常に難しいということを如実に示す場の一つが宇多良炭坑跡であると言えよう。一般的な意味での西表観光で見られる炭坑跡は宇多良だけなので、沖縄県や竹富町はツーリズムポイントとしてこの地をさらに整備すべきではないかと考える。

船浮そして内離島へ

旅は、さらに西へ進む。車で行ける西表島の最西端が白浜であり、今回の旅の最終目的地は、そこから船でしか渡ることのできない船浮《ふなうき》という小さな集落である。白浜から船に10分ほど乗れば船浮に渡ることができるが、便数は一日5往復しかなく、交通はかなり不便である。しかし、それでもこの集落に渡る価値はある。船浮は、ほんの25世帯ぐらいしかなく、のどかな風景が広がる。15分ほど歩けば、西表で最も美しいと言われるイダの浜を見ることができる。

一般の観光客は、このイダの浜を目当てに来ることが多い。船浮は心身ともにリフレッシュさせてくれる一方で、ここは戦前からの悲しみを湛えた地域でもある。船浮の港を降りて左に歩くと、トンネルのようなものが目に入ってくるが、これは旧海軍壕の跡である。西表に海軍が展開したのは、時期的には第二次世界大戦の末期であったものの、実は、日露戦争前後の頃から、軍事拠点としてポテンシャルを認められていた。

船浮は入りくんだ湾になっていて、台風を始めとする自然災害に強い地形と言える。それればかりか、湾の両側には高い山があったため、その山上に大砲を設置することで、湾の入り口を楽に守ることができた。実際、大戦末期には台湾と本土を結ぶ航路を安全に確保するために、船浮の高台には合計3つの大砲が設置されたそうである。先述の海軍壕をくぐると、特攻艇「震洋」の格納庫跡であった窪みを見つけることができる。この風光明媚な島から、特攻艇の出撃が予定されていたことは、その風景の美しさとのコントラストもあって、俄《にわか》には信じがたいかもしれない。格納庫の前の道は、それほど長いわけでもなく、少し西に歩くと行き止まりである。以前は畑があったそうだが、今はすっかり耕作放棄地になってしまった。

そこから引き返して港に戻り、食堂とパン屋をひやかしてみよう。その近くの「ふね家」が、船浮地区のダークツーリズムの拠点となる。この店の外観は、何ということもないツアーショップであるが、ここが管理している資料館は、船浮の悲しみの歴史が集積した場所であると言える。資料館を開設したのは、ショップのママさんの亡くなられたご主人である池田豊吉氏である。氏は地元中学の教師を長い間務めつつ、仕事の合間の時間を用いて地域の歴史を調べ、個人で資料館を作った。私設とは言うものの、展示のレベルは非常に高い。この中で目玉となる展示は、内離島の炭鉱と安東丸に関する資料であろう。

貨幣経済と「地域通貨」

内離島は、船浮の目と鼻の先にある島で、戦前はやはり炭鉱が存在していた。しかし、そこでの労働の悲惨さはすでに紹介した宇多良炭坑の比ではなかったようだ。内離島の炭田層はあまり厚さがなく、炭鉱労働者たちは這うように掘り進めなければならなかった。労働そのものの過酷さだけでなく、そこに出現した搾取システムは、これまた峻烈《しゅんれつ》を極めるものであった。もともと詐欺同然で本土や沖縄本島、そして当時日本領であった台湾などから集められた労働者は、口入れ屋（仲介事業者）の周旋によってこの島に辿り着く段階でかなりの借金を背負わされていた。

島に到着した人々は、その時をもって貨幣経済から隔離されることとなった。というのも、飯場では、その内部でのみ通用する地域通貨が使われており、炭鉱の労働者に対する賃金はこの制度に基づいて支払われた。島の売店では酒などを買うことができたが、その価格は相対的に高額であり、いくら働いても借金の元金は減らず、稼いだ金は日々の消費でなくなっていったそうだ。現地でのみ通用する地域通貨を使うということは、仮にその紙幣を握りしめて島を脱走したとしても、脱走先での生活が不可能になることを意味している。

内離島

現代では、地域通貨といえば、経済学の教科書でも取り上げられるように地域活性化の切り札のような紹介をされるが、こちらの例が示すとおり、搾取と隔離のために地域通貨が用いられた例もあることを忘れるべきではない。隔離のために地域通貨を用いた例は、ハンセン病療養所においても確認されており、東京の多磨全生園に隣接した国立ハンセン病資料館にはそうした展示がある。ハンセン病患者を社会的な意味で隔離する方法として、通常の貨幣とは交換不能な通貨を入所者に強制することで、外界との経済的なつながりを断とうとしたことが知られている。

マラリアと坑夫の恐怖

さらに、この炭鉱では、日本の他の炭鉱とは比べものにならない恐怖が渦巻いていた。それは、マラリアである。西表の風土病とも言えるマラリアに罹患《りかん》したために命を落とした坑夫は相当数に及んでいる。筆者は、夕張、いわき、田川、大牟田など数多くの炭鉱関連史跡を見てきている。そして、炭鉱には労働者を中心とした独特な文化が成立していたことも確認してきた。田川では、ユネスコの世界記憶遺産に認定された山本作兵衛の絵画が知られているし、大牟田では様々な労働歌が歌われていた。

先述の宇多良炭坑においても、歴史の流れの中で労働者の待遇改善が図られた時期があったが、こちらの西表炭坑では、まさに収奪と搾取が極限まで繰り広げられたと言ってよい。子供のような年少者まで働かされたが、地元の人々の厚情で脱走に成功し、九死に一生を得た元炭坑夫の述懐を読むと、死と隣り合わせの状況であったことが窺い知れる。

さて、ここまで話が進むと、内離島を訪れてみたいと思うのがツーリストの思いであろう。内離島は、今は無人島で誰も住んでいない。公共交通機関だけでは行けないが、白浜の船の待合所に西表炭坑の過酷な労働に関するパネル展示があり、これを熟読することで知識を得ることができる。目の前が内離島なので、その記述のリアリティは胸に迫るものがある。

西表炭坑坑道。炭層が薄いため、狭く細長い坑道となっている

しかし、内離島に向かう術がないわけではない。ふね家の若旦那は、旅行業を営んでおり、この悲しみの歴史を次世代に伝えるべくツアーを組んでいる。それどころか、彼は数年がかりで私財を投じて内離島の散策路を整備し、まさに観光でこの悲しみの地を訪れることができるように尽力した。内離島に上陸するためには、このふね家が出すボートをチャーターするしかないのだが、困ったことに料金はそこそこする。現状では、乗客二人が3時間借りて2万5000円となっ

ており、金銭的な意味ではハードルが高い。

ただ、まさにここでしか味わえない人類史の影の部分であり、西表に来るにあたっては、お金を貯めておいてほしいとしか言いようがない。若旦那は、もう少しお客が集まってくれば、チャーター的な現状の料金ではなく、ディスカウントもあり得ることを示唆していたが、今はやはりこの料金でやらざるを得ないという話であった。彼は海外留学経験もあるインテリであり、ガイドとしてのレベルは非常に高い。悲劇の直接の被害者ではないため、客観的かつ俯瞰的《ふかんてき》な視点から島の悲しみを捉えており、沖縄のダークツーリズムポイントでしばしば出会う「当事者の慟哭《どうこく》」とはまた異なる解説であった。2万5000円という料金は、単に船のチャーター料と考えるのではなく、彼が有するコンテンツの料金であると考えるのであれば、十分に妥当性を有する。

安東丸の虐待事件

旅も終わりに近づいてきた。最後の論点である安東丸事件について語り、今回の旅を終えたいと思う。前出の資料館でも、安東丸事件についてはかなりのスペースを割いて説明がされていた。

この事件は、中国人船長と数人の朝鮮人乗組員によって航行していた安東丸が1944(昭和19)年末に海難事故に遭い、西表島に流れ着いてしまったことに端を発する。日本では、一般に漂流船に紳士的に接するという話が数多くあるが、残念ながら安東丸の乗組員については、虐待事件が発生してしまった。船の乗組員は奴隷のように扱われたし、虐待の過程で命を失った者もいたという伝承的な記録が残っている。この非人道的な行為は戦争の終結まで続くことになった。ただ、戦争が終わった際に彼らが解放されたというわけではなく、人気のないところに単に置き去りにされたといったほうが的を射ているようである。外国人乗組員たちは、特に食料などを気にされることもなく、ただ単に打ち捨てられたそうで、その後、この地で彼らが生き長らえたという記録もないため、割と早い段階で亡くなってしまったことが推察できる。

この事件は、詳細についてはまだあまり深く研究されていないため、若旦那の案内も「あの辺りで……ということが起きたようで」という類いの説明になることが多かった。数年前に、韓国人の調査団が訪れたことがあったそうだが、筆者の知る限り体系的な論考はまだまとめられていない。

悲しみの記憶をいかに扱うか

今回の旅では、悲しみの承継を専門の研究対象としている筆者が、観光開発論の観点からダークツーリズムが本質的に持つ困難さについて改めて考え直す機会を得られたことも大きな収穫であった。もとより、ダークツーリズムの理論に基づいて観光開発をしようとしても、地域の悲しみの歴史は、明るく楽しい観光のイメージや文脈では扱いにくいため、観光開発の過程では通常枠外に置かれてしまうことは十分わかっていた。

それに加え、安東丸事件のような現代史の事件の場合、関係者そして少なくとも関係者に近い親族がまだ存命中であるがゆえに、何がそこで起きていたのかを掘り下げにくいという現実があることも知ることができた。ほんの25世帯ぐらいしかない船浮で、安東丸事件の調査を本気で行ってしまうと、外国人を虐待したのは誰のお父さんかというレベルで問題行為が特定されてしまうおそれがある。そうなってしまうと子は親のカルマを背負うことになるし、地域の一体性も維持できなくなってくる。

こうした現代史の悲しみを受け継ごうとする場合、必然的に地域の加害性をどう位置づけるかという難しい問いと向き合わなくてはならなくなる。現在生きている人々をいたずらに糾弾するのでもなく、同時に地域の悲しみの承継という目的は果たしつつ、地域の持続的な発展を願うことは現実問題としてはかなり大変なことである。この辺りはダークツーリズムの理論的な研究を充実させていくことの重要性を感じるが、研究以外でも、知られていない悲しみの現場を訪れ、そこで手を合わせて忘れないようにするだけでも十分に意味のある営みである。ダークツーリズム研究においては、現場を訪れることで、理論がより研ぎ澄まされ、また別の現実を説明しやすくなる。ダークツーリズムの旅は、研究が机上の空論に終わってもいけないし、また逆に現場だけで完結するわけでもないことを教えてくれる。

旅のテクニック

●石垣までの飛行機

東京から石垣島への往復チケットは、以前は12万円ぐらいしており、とてもやすやすと行けるような価格ではなかった。ところが、LCC（Low Cost Carrier 格安航空会社）が、成田空港や関西空港と那覇を結ぶとともに、那覇―石垣間の路線を開設したことで経済的にアクセスがしやすくなった。往復合計で3万円程度の日も散見され、単に価格だけ比べるのであれば、東京―大阪間を新幹線で移動するのと大差ないレベルにまで下がってきている。

●石垣—西表間の船便

本文中にも述べたように、複数の船会社が、大原港と上原港に船を出している。石垣港からの船便は、公式のまとめサイトがなく、船会社独自のサイトで調べるしかない。現在、安栄観光（http://www.aneikankou.co.jp/）、八重山観光フェリー（https://www.yaeyama.co.jp/）、石垣島ドリーム観光（http://ishigaki-dream.co.jp/）の3社が運航しているが、前2社はコードシェア（どちらの船会社でチケットを買っても互換性があり、好きなほうに乗れる）の運航があるケースもあり、利便性は大きい。

●白浜—船浮の船便

こちらも本文中で触れたが、白浜と船浮を結ぶ便は一日5往復しかない。民宿ふなうき荘のサイト（http://www.suguru-i.jp/funaukisou/index.html）で時刻表を確認できる。しかし、これでは効率的に回れないので、帰りは現地で海上タクシーを出してもらうとよい。2018年2月1日現在、この海上タクシーは2000円ほどかかり、若干割高に感じるかもしれないが、時間を手に入れたと思えば納得できる金額である。

第五章　水俣病、ハンセン病、そして、炭鉱労働の記憶
――熊本

八代海の風景

「植民地」としての九州

今回は、くまモンが跳梁跋扈し、県外からの観光客数が3000万人に迫る熊本県を中心に、九州西部のダークツーリズムについて考える。本章では、水俣、合志、三池という3カ所のダークツーリズムポイントを設定し、個別に考察を試みた後、ダークツーリズムポイントとしての熊本を、〝近代〟の視点から俯瞰する。

古代史を顧みれば、邪馬台国九州説は多少分が悪くなったといえども、いまだに唱える人々は多く、古事記の里としての宮崎は大きな存在感を示している。しかし、水俣病を研究してきた医師である故原田正純博士は、九州を戦後の日本の植民地であるという捉え方をしている。戦後の日本は植民地を失ったものの、工業化を進めざるを得ず、その矛盾が九州に集中したと彼は述べる。

私は、もう少し広いスパンで歴史を見たとしても、九州は明治以降、今に至るまで、近代化のツケを払わされてきたと考えている。それは、初期段階では西南戦争であるが、今回扱う水俣病、ハンセン病問題、炭鉱問題などの諸課題は、国家の近代化政策にともない、いわば必然的に登場してきた論点である。

私は、これまで九州に限らず、日本中のダークツーリズムポイントをかなり歩いてきた。北海道や東北も、近現代史における権力側からのしわ寄せは確かに存在するのだが、九州、とりわけ熊本が非常に厳しい状況に置かれてきたことについて例を挙げつつ述べていきたい。

〝社会の病〟としての水俣病

2013(平成25)年4月上旬、筆者は3泊4日の日程で、熊本を中心とする九州西部の調査に赴いた。予定としては、水俣病関連施設、ハンセン病療養所である菊池恵楓園と附属の歴史資料館、さらに旧三井三池炭鉱を見て帰るという計画であった。

朝、非常に早い便で大阪を発ち、鹿児島空港に到着した私は、調べておいた路線バスに乗り、新水俣の駅に向かった。普段都会にいると、あまり気づかないことであるが、山間部を走るバスの車窓からは、老人ホームやデイサービス・センターがたくさん見え、地方

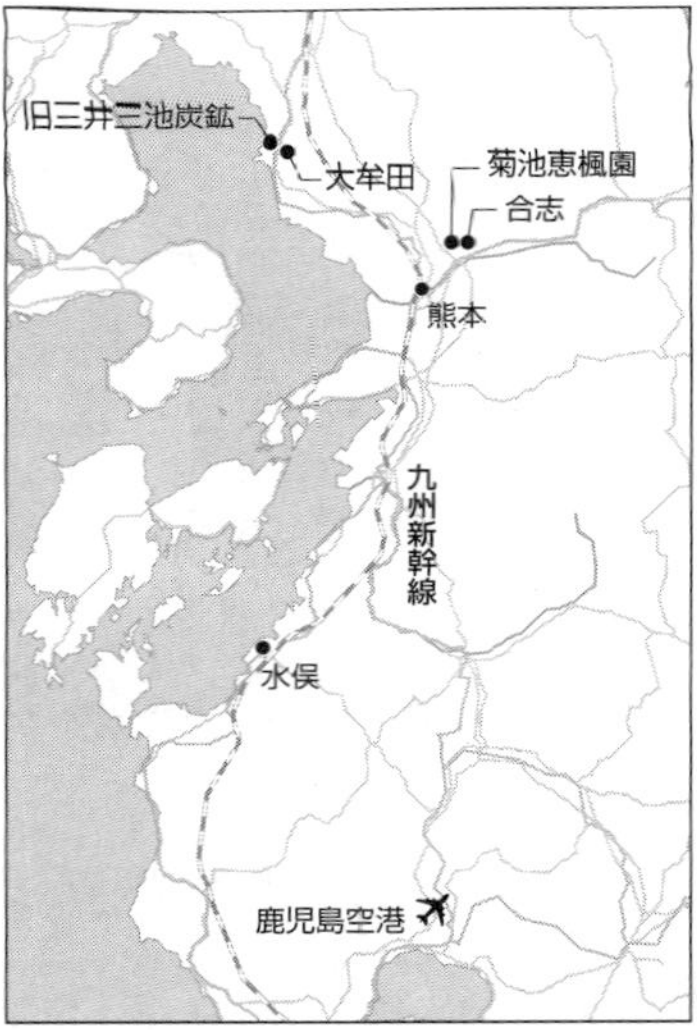

都市における高齢化の深刻さを感じる。非常に本数の少ないバスであるものの、山の中の停留所からポツポツと高齢の乗客が乗ってきた。ただし、乗客は大きな総合病院の停留所で大部分が降りてしまい、水俣市内まで乗っていた者は、私を含め少数であった。市街地に入る手前の、新幹線専用の駅である新水俣で降り、予約しておいたレンタカーを借りた。水俣病資料館と水俣病情報センターを見るだけであれば、レンタカーは不要であるが、今回は民間ベースで水俣病患者への支援を展開している相思社を見学しておきたく、レンタカーを使うことにした。水俣病情報センターへ行く途中、徳富蘇峰・蘆花生家に立ち寄り、少々見学をする。徳富蘇峰は、日本初のジャーナリストと一般に言われており、メディアに興味のある人は一度訪れてもよいかもしれない。

公的な施設としては、市街地から2キロぐらいのところに、国立水俣病情報センター、熊本県環境センター、水俣市立水俣病資料館が集中している。国・県・市が一体となって水俣病の問題に取り組もうとしていることが窺える。この三者の役割分担はかなり明確で、国のセンターは研究者を中心とした理科系の利用者を想定し、県がリサイクル等の通常の環境学習を担い、そして市の資料館はまさに水俣病について一般の人々が学ぶ施設となっている。したがって、具体的なプランニングとしては、ダークツーリストは、市の資料館を中心に学ぶこととなる。

水俣病の資料館は、水俣病というものが、単に医学的な意味での病気にとどまらず、ある種の社会的な病であることを教えてくれる。高校の教科書にあるとおり、「株式会社チッソの出す廃液の中にメチル水銀が含まれており、その水銀が生物濃縮によって魚の中に蓄積され、それを食べた漁民の間に神経症状が出た」という理解は誤っていない。問題なのは、その病気が起きた地で、社会がどのような変化をたどったのかを、都市の人間はこれまでほとんど知らないで過ごしてきたという点である。

水俣病が公式に確認され、社会問題化した昭和30年代、水俣市において漁業者は相対的少数者であった。水俣市はチッソの企業城下町であり、水俣市の財政も社会的活力もチッソによって保たれていた。水俣病は、少数者（マイノリティ）が体制（エスタブリッシュメント）と対立したという構造を持つ。

病に苦しむ人々は、チッソや行政を相手に、長い間裁判を続け、救済の枠を広げてきた。その過程では、心ない人々から「患者のふりをしているのではないか」といういわゆる〝ニセ患者〟の言葉を投げつけられ、深く傷ついた方も多い。公害が社会問題化するにつれ、チッソの操業は縮小されていき、街も寂れることとなった。水俣の地で、コミュニティの崩壊が起こってしまったのである。

本書を読んでいる若い人々は、義憤に駆られて、「公害を出すような不見識な企業は潰してしまえ」と言うかもしれない。しかし、現在に至るまで患者救済の原資はチッソが担っている部分もあり、この会社がなくなってしまうと、患者を経済的に支えることが難しくなる。チッソが存続することで、患者の経済基盤も維持されるという矛盾した状況がここにはある。

資料館の展示を見ると、公害問題というのは、単に、自然科学的な面からの考察だけでは不十分であり、地域と患者を支えるための経済学や社会学、企業や行政の責任を追及するための法律学、これからの世界をどう作るのかという政策学などの幅広い知識を結集しなければならないということが見えてくる。

一旦コミュニティが瓦解した水俣に転機が訪れるのは、1995(平成7)年以降である。社会党のトップが首相になった〝自社さ政権〟(自由民主党、日本社会党、新党さきがけによる連立政権)の尽力により、水俣病の政治解決が図られた結果、救済の扉が一気に開いた。それ以降、当時の吉井市長は、「もやい直し」という表現を使い、コミュニティの再生に心血を注いだ。

現在の水俣は、先進的なエコタウンとして再生し、国の内外からの視察が絶えない。海も綺麗になり、漁業も再開された。患者救済の論点は、現在進行形でまだまだ残るが、水俣が乗り越えてきた課題は多く、訪れることで、この地が克服した困難を実感することができる。日本では、外せないダークツーリズムポイントである。

旅の目的地としては、可能であれば、相思社を訪れてもらいたい。相思社は、行政が患者救済に目を向けていなかった時期から、患者の心の拠り所として活動した民間団体である。アクセスが厳しい場所にあるので、今回の旅では、ここに寄るためにレンタカーを借りたと言っても過言ではない。相思社の水俣病歴史考証館は、展示は粗削りではあるものの、被害者が実際に使った旗なども数多く展示され、たくさんの〝モノ〟が、公害の悲惨さを語りかける。市の資料館は、平成に入ってからできたものであるが、ここには昭和の時代の歴史がリアルに存在している。

「菊池恵楓園」で学ぶハンセン病

新水俣の駅前でレンタカーを返し、次は、新幹線で熊本市に向かった。駅前の安ホテルで1泊し、翌日、ハンセン病療養所である菊池恵楓園を視察した。ハンセン病療養所は、以前、東京都東村山市の多磨全生園および国立ハンセン病資料館を見学したことがあるが、熊本の療養所と歴史資料館は、趣が異なっていた。

便利さを考えるのであれば、やはりレンタカーで行ったほうがよいのだろうが、この場所は鉄道を使ったほうが考えるきっかけになると思う。東村山の施設も、展示を見ると、元患者の方々が辛い気持ちを抱えながら療養所の門をくぐったことがわかるが、現在の東村山は立派な通勤圏なので、その辛い気持ちをどこまでリアルに感じられるかは難しいところがある。

一方、熊本の療養所は、熊本電鉄の終点から歩ける場所にあり、元患者の皆さんが通ったルートを辿ることができる。終点の御代志《みよし》駅は、今でもそれほど乗降客数が多いわけではなく、ここから歩くことで、歴史資料館の展示について深く考えるようになるであろう。
資料館自体は、旧事務棟を改装したもので、それほど大きなものではない。
しかし、展示内容は素晴らしい。ハンセン病は、感染力の低い病気であるが、後遺症として四肢や顔面に様々な変形や機能障害を残すため、差別の対象となりやすかった。熊本の歴史の中では、名君加藤清正公がこの病に罹っていたとされ、清正公を祀《まつ》った本妙寺に患者が集まってきたと言われている。患者の方々はさぞ辛い生活であったであろうが、公権力が政策的に隔離を実施したのは、1931（昭和6）年の癩《らい》予防法制定以降であった。この時期は、ナチス的な優生思想が日本に入ってきた頃であり、国家の生産性に寄与できない人間は次々と排除されていった。（注）
実は、終戦期にはこの病気の特効薬はよく知られた存在になっており、本来であれば、早い段階で隔離政策は終わりを告げるはずであった。ところが、ハンセン病治療のいわゆる〝権威〟たちが隔離の続行を支持したため、この問題は平成にまで持ち越されることに

（注）ハンセン病の隔離政策は優生思想の具現化であるという説の他に、感染症対策の一環であったという主張も有力である。

菊池恵楓園の風景

なってしまった。

話を展示に戻そう。東京の国立ハンセン病資料館の展示のレベルは高く、この問題の理論的フレームワークをつかむ上で非常に有効である。しかし、恵楓園の歴史資料館は、東京とは異なる価値がある。恵楓園の場合、患者の子女が学校の保護者から入校を阻まれたり、いわゆる〝菊池事件〟と呼ばれる死刑判決が出された裁判もここで行われるなど、社会との多くの葛藤を経験している。隔離政策の非人道性を訴えた国家賠償訴訟もまさにここを起点としている。それゆえ、こちらの展示内容は、入所者の方々のまさに生の歴史に満ちている。

驚くべきことに、ここの展示は2010（平成22）年に着任した当時20代の学芸員が約1年をかけて事実上一人で作り上げたものである。ここでは、若い学芸員が入所者の方々とじっくりと話を重ね、元患者の人たちの思いを展示に反映させていった。

近代におけるハンセン病の歴史を見る時、自分たちの不勉強のために、不合理な隔離政策を続けてしまったことを反省しなくてはならない。自分たちが勉強しなかったために、それゆえ、不幸になってしまった人たちが確かに存在することを忘れてはならない。

恵楓園は、資料館のほか、もちろん入所者の生活エリアと病院、そして宗教施設があり、御代志駅のほうに続く遊歩道が整備されている。遊歩道を歩きつつ、思索を巡らせたい。

日本最大の労働争議の場「旧三井三池炭鉱」

最終日は、熊本駅前で車を借り、福岡県にまたがる旧三井三池炭鉱と石炭産業科学館を見ることとなった。こちらは、２０１５年に世界遺産に登録された万田坑を含んでいるが、私が来訪したのはそれ以前であったため、比較的穏やかな雰囲気の中で旅を楽しむことができた。

ここは、日本最大の労働争議が発生するとともに、多くの炭鉱事故が起きた場所でもある。

熊本から2時間弱で大牟田の石炭産業科学館に着いたが、展示を見ると拍子抜けしてしまった。筆者は、夕張や田川で炭鉱関連の博物館を見てきたが、そこでは労働者たちの生活が活き活きと描かれていたのに対し、ここでは技術的な展示が中心であり、炭鉱街の社会については何も語られていないのに等しいと感じた。奥の大型スクリーンのある場所に行って映像を見ていると、そこには確かに炭鉱労働者の生活が映されていた。展示場には、子供を中心に多くの来場者がいたが、スクリーンを見ていたのは私一人であったので、ボランティアガイドの方が話しかけてきてくださった。

私は、なぜ社会科学的な展示がないのか聞いてみたが、実はこの展示内容の合意を得るのも非常に大変であったと話してくださった。三井三池炭鉱は、マルクス主義者である九州大学の向坂逸郎《さきさかいつろう》教授のグループが入り、労働運動を指導していった。その過程で、労働運動は先鋭化していき、企業側と対決することになった。ただし、労働者側も一枚岩ではなく、企業側の考えに理解を示す労働者もおり、組合活動は分裂してしまった。この労働運動の分裂は、日常生活や子供の学校生活にまで影響を及ぼしたそうで、第一組合と第二組合のいがみ合いによって、地域のコミュニティは完全に分断されたそうである。

実は、労働運動が地域を破壊した例は、先述の水俣病に関する必読文献である原田正純『水俣病』の中にも登場する。この本の中には、水俣のチッソ工場の労働組合が分裂し、街の中が疑心暗鬼に満ちてしまったという記述がある。

旧三井三池炭鉱がある大牟田・荒尾の地では、訪問した2013（平成25）年当時、地域コミュニティの再生を模索しており、その動きの一環として、廃坑となった旧炭鉱を産業遺産として、世界遺産に登録しようとしていた。ここで紹介した石炭産業科学館は、当該運動に大きな役割を果たしているが、社会科学的な展示については、関係者の合意を得ることが難しく、技術系の内容が中心となっている。ただし、この地で、日本最大の労働争議があったことは事実であるので、その点は映像資料で紹介されている。

確かに歴史上、思想的対立は存在したが、地域の人たちにとって、炭鉱の存在は心の拠り所であった。大牟田・荒尾には、シンボリックな廃坑が多く残り、それは高度成長期が始まった当時の炭鉱の活況を思い起こさせる佇まいを有している。私のような部外者にも荘厳さを感じさせる光景は、世界遺産にふさわしいのではないかと思われる。建物の保存は地域の精神的一体性を育むとともに、来訪者の敬意を集める。

科学館を後にし、現存する廃坑をいくつか回ってみた。それぞれ、趣深いものであるが、時間的制約がある場合は、荒尾の万田坑を最優先に見学するべきであろう。万田坑は早期より見学システムが整備されたため、その「見せ方」には一日《いちじつ》の長《ちょう》があるし、ここでは音声ガイドもあるので、自分のペースで見学することもできる。また、建物の内部まで公開されているので、まさに〝炭鉱〟を体感することもできる。

熊本から考える近代化

炭鉱では、労働争議のみならず、落盤を始めとする労働災害も起こり、たくさんの悲しい思いに満ちている。こうした悲しみは、当地に限った話ではない。しかし、この地では、廃坑が遺構として残されているために、人々の悲しい思いをそれに化体させることが可能である。東日本大震災に関する遺構の保存の是非が問われているが、この三井三池炭鉱の跡を訪れると、心の拠り所となる建物があることで、悲しい記憶が承継されやすい状況が見て取れる。逆に、第三章で言及した紋別市の鴻之舞金山の跡は、安全に見学可能な遺構がないため、悲しみの承継が難しくなっていた。第八章ではバンダアチェを例に出し、遺構が悲しみの承継に必須であると述べているが、これは、日本においても当てはまる話である。

万田坑

ダークツーリズムポイントとして熊本を取り上げてみたが、この経験で何がわかるのであろうか。それは、近代化という社会システムの変化が構造的に有している〝業〟の深さではないかと思う。

近代化そのものは決して否定されるべきではないだろう。近代化によって、私たちの衛生水準は向上し、食糧増産も成し遂げられ、生活は確かに豊かになった。しかし、ここまで述べてきたように、近代化によって、公害の被害、優生思想の下の隔離、各種の労働災害や労働運動がもたらすコミュニティの亀裂などが発生してしまったこともまた事実である。多くの人々が近代化の恩恵を享受する一方で、近代化のしわ寄せを受け、社会の片隅に追いやられてしまった人々もまた同時にいるのである。日常の中では、我々はこうした人々の存在を忘れがちである。今回のダークツーリズムの経験は、近代化のもたらす影を追う旅であった。

訪れた先を見てもらえばわかるとおり、熊本県には、近代化の矛盾が集中して存在し、今なおその問題点を実際に学ぶことができる。にもかかわらず、熊本県はこういった負の側面を表に出したがらない。しかし、こういった複雑な歴史を背負った以上、それを後世に伝えていくことは社会的責務であるし、熊本県にしかできない役割である。蒲島知事には、ダークツーリズムポイントとしての熊本県の価値を認めていただき、後世へこの価値を残す手だてを考えていただきたいと思っている。

旅のテクニック

●空路

九州方面に行く場合、関西からなら夜行バスという選択があるが、関東からだとさすがにそれは体力的に厳しいので、安く行くことを考えるとＬＣＣを使うことになる。ＪＡＬやＡＮＡを使う場合、28日以上前の予約であれば、安い運賃があるが、1カ月前に予定がわかっている人もあまりいないだろうから、現実的ではないかもしれない。10日前までに予約すれば、ＪＡＬやＡＮＡの比較的安いツアーを利用可能ではあるものの、これをもってしてもＬＣＣのほうがはるかに安い。

また、熊本空港は、ＬＣＣの乗り入れ本数が少ないため、運賃は相対的に高めになる。他方、福岡空港は、大手2社もＬＣＣもたくさん乗り入れているため、必然的に価格競争が起こり、航空運賃はかなり安い。今回は「熊本の旅」というテーマであるが、航空運賃を考えると福岡ベースで旅程を組んだほうが合理的かもしれない。

●レンタカー

大手のレンタカーは、基本的に同一都道府県内であれば乗り捨て料金がかからない。ネット割引もかなり利くので、熊本空港周辺で、レンタカーを借りて、最後は新幹線を使うというパターンであれば、大手のレンタカー会社が使いやすい。最近増えている12時間2500円程度の格安レンタカーは、基本的に乗り捨てができないことを押さえておこう。ちなみに、水俣市には大手のレンタカー会社がなく、新水俣の駅前ですら格安レンタカーが1軒しかないので、注意しておきたい。また三井三池炭鉱の跡を回る場合は、やはり車のほうが効率的である。

●バス

水俣は、熊本空港からは遠く、鹿児島空港のほうが近い。ただし、鹿児島空港と水俣を結ぶバスは本数が少ないので、プランニングには注意を要する。以下で、南国交通による水俣行きのバスの情報を調べられたい。

https://nangoku-kotsu.com/ashuttle/minamata/

大牟田・荒尾から福岡空港へのバスは、西鉄が運行しており、そこそこの本数がある。

●鉄道

今回訪問した先は、すべて新幹線が止まるので、これを使ってしまえば確かに楽ではある。しかし、時間に余裕があれば、JRの在来線や第三セクターの地方鉄道でも移動は可能であるので、旅の情緒を味わいたい人にはこちらも勧めたい。また、熊本駅から上熊本で乗り換え、鉄道で菊池恵楓園を目指す場合、接続はかなり悪いので、事前にWEBで時刻表を調べておく必要がある。

●モデルルート

鹿児島空港からバスで新水俣駅か水俣駅へ。レンタカー利用者は相思社を含めて市内を回り、それ以外の人はバスかタクシーで水俣病資料館へ。時間に余裕があれば、徳富蘇峰・蘆花生家も。その後、熊本へは、新幹線か在来線で移動し、1泊。二日目は、菊池恵楓園に電車で赴き、その後、熊本に戻る。もちろん熊本城や美術館などの普通の観光も楽しむ。宿泊は、熊本でも大牟田でもよい。三日目は大牟田・荒尾を見学し、最後に高速バスで福岡空港に向かう。

●見学時間

水俣　自然科学にあまり詳しくない場合、情報センターに30分、環境センターはさらっと、市の資料館に1〜2時間といった感じで予定しておけばよいかと思う。なお、筆者の訪問後、資料館はリニューアルされたが、展示のコンセプトは変わっていないので安心されたい。相思社は辿り着くまでに時間がかかるが、展示は30分程度で見られる。

菊池恵楓園　歴史資料館の展示に1〜1・5時間。宗教施設や行刑施設をすべて見るのにさらに1〜1・5時間ぐらいであろうか。ただし、近隣に飲食施設がなく、私が訪れた時は中の売店も休みであったので、旅の計画においてはこの点に気を配ったほうがよい。

旧三井三池炭鉱周辺　石炭産業科学館は展示エリアに1時間、映像エリアにさらに1時間を要する。万田坑は2時間程度は見積もりたい。遺構については、万田坑を軸に見学し、あとの廃坑は、各自の興味に応じてプランニングしてほしい。

●筆者の実際の行程

実際の旅行では、ＪＡＬのマイレージが余っていたので、マイルを使って、大阪から鹿児島に入り、帰りは熊本空港から出るという方法を採った。また、今回モデルルートとしては、南から入って、北に抜けるルートで説明しているが、これは逆方向でも全く問題はない。

第六章　若者、女性、そして外国人の悲しみを見る

――長野

ダークツーリズムが扱う時代

ここまで取り上げたダークツーリズムポイントは、東京を起点とした場合、いずれも飛行機で移動することを前提とするものであったが、本章では、長野県を訪れ、鉄道を中心とした旅を提案したい。

東京から、まずは上田駅を目指すことにしよう。移動の細かい方法は、末尾の「旅のテクニック」に譲るが、まず上田に着いたところから、今回の旅を語ってみたい。

上田は、さほど有名な観光地があるわけではないが、真田幸村（信繁）の故地として知られ、歴史ファンが多く訪れる街である。最近は、ゲームやそれをベースに作られたアニメの『戦国BASARA』の影響で、いわゆる歴女《れきじょ》と呼ばれる若い女性の来訪者も多い。

ダークツーリズム研究においてよく聞かれる問いに、「ダークツーリズムが扱う時代はどこまでか？」という論点がある。沖縄を始めとして、第二次世界大戦の戦跡は、見る者に悲しみの影を投げかける。他方で、関ヶ原を今見たとしても、そこに寂寞感《せきばくかん》を覚える者はあまりいないであろう。戦国時代は、もはや歴史の彼方となった過去であり、そこにはダークツーリズムが本質的に扱うべき悲しみは存在していないと考えられるかもしれない。

ただ、真田幸村に関しては、そこはかとない寂しさを湛えた旅のモチーフとして語られることが非常に多い。真田幸村は、個人としては有為の才能を持ち、様々な評伝においてその非凡さが窺えるが、その人生は非常に不遇であった。彼自身が有能であっても、仕える主君やグループのリーダーがあまりにも情けなかったために、彼は才能を発揮できずに、負け続ける人生を送ることになってしまった。彼が最後に働いた大坂城が、当時淀君に支配されていたことからも、この構造は推して知るべしであろう。真田幸村の人生は、サラリーマンから共感を受けやすいと聞く。サラリーマン諸氏が、自分の能力を信じていながらも、不遇な我が身を嘆くことは多いようである。その際、上司に恵まれないことを、理由としてまず第一に挙げる傾向が強い。つまり、真田幸村は、サラリーマンにとっては、我が身を重ねやすい不遇のヒーローであり、彼が人生に成功しなかったからこそ、そこに共感が生まれていると考えることもできる。地域に根ざした悲しみがあり、その悲しみが次世代に承継されていく以上、真田幸村を巡る旅は、ダークツーリズム的な要素があると感じられてならない。なお、真田幸村は仕官や配流《はいる》のために全国を渡り歩いており、旅とつながりやすいコンテンツであるといえる。

また、以前、配流先であった和歌山の九度山町や終焉の地である大阪市、そして出身の上田市などをメンバーとした真田サミットなる催しが開かれ、活況を呈していたことを付記しておく。

さて、腹ごしらえもしないといけないので、ここでは池波正太郎の愛した店である「刀屋」に行って、名物の真田そばを頼みたい。

戦没画学生の美術館

ここからがダークツーリズムの旅となるが、初めに訪れる場所は、「無言館」と呼ばれる美術館である。ただ、美術館といっても、ここには有名な画家の作品は一枚もない。この美術館に収蔵されている作品は、いわゆる戦没画学生の手によるもので、美術を学んでいた学生たちが出征前に描いたものが大部分を占める。

絵を心から愛していた若者たちが、自分の力ではどうしようもできない時代のうねりの中で、描くことを諦めて戦地に赴かざるを得なかったその時の気持ちを慮《おもんぱか》ると心が痛む。

そして何より、その作品そのものから感じられる生命力の強さには、絵画の門外漢である私ですら、圧倒された。私が実際に訪れたのは、大学で言えば春休みに当たる時期であったのだが、私が静かに絵と向き合っていると、男女5人ぐらいの騒がしいグループがずかずかと館内に入ってきた。彼らは個性的なおしゃれを楽しんでいたので、美大生かなと思ったのであるが、訪問の瞬間における態度は決して褒められたものではなかった。ただ、絵を見始めて数分経つと、彼らは何も話さなくなってしまった。完全に黙り込んだのである。私自身は創作をしないのであるが、実際に描いている彼らにとっては、死を間近に意識しながら最後に創られた作品の気迫に、ただならぬものを感じたのではないだろうか。

私は、戦没画学生たちの細かい資料も読んだので、長時間館内に留まっており、彼らの後から展示施設を出たのであるが、小一時間ほど作品を見た学生たちの表情が、憔悴《しょうすい》しきっていたことが非常に印象的であった。

無名の作品から感銘を受けるということは他のケースでもある。本書第五章の熊本の旅では、ハンセン病

無言館の石碑には、ペンキで汚された跡があるものの、あえてそのまま展示している

療養所を紹介しているが、療養所併設の資料館には、元患者の文芸や絵画作品が展示されていることが多い。社会から隔絶されて生きた元患者にとって、芸術作品は〝生の証し〟であって、その命の存在を世界に知らしめるための数少ない手段であった。ただし、元患者たちの作品は、彼らが患った病とは関係なく、文学界や美術界で高く評価されているものも多くある点には留意しておきたい。

私にとって無言館で受けた衝撃は、実は、このハンセン病療養所での体験と似ており、目前の絵が作者の〝生の叫び〟を伝えているのではないかと感じた次第である。

無言館に展示されている作品は、故郷の風景を描いたものや親族の肖像も多いのであるが、恋人の裸婦像もあった。その裸婦像は、これまた力強いものである。死を意識して、愛する恋人の姿を最後に描いておきたいと思うのは自然な気持ちなのであろう。そして、死を意識しているからこそ、人間の生を感じさせるヌードは、画学生たちにとっていわば必然的に選んだテーマであったのではないだろうか。実は、私は、恥ずかしながらこの美術館で、ヌードが持つ芸術作品としての特別な価値に初めて気づかされた次第である。ヌードが伝える圧倒的で特別な価値は確かに存在するのである。

さて、無言館を後にして、普通の観光をするのであれば、別所温泉方面に安楽寺と呼ばれる寺があり、国宝の八角三重塔は見ておいて損はないかもしれない。厳《おごそ》かな雰囲気の中、木造建造物の美しさが感じられる。

泊まりは別所温泉でもいいのだが、ここではダークツーリズムの旅ということを意識して、戸倉上山田温泉に宿をとってみよう。

温泉の影、上山田温泉資料館

戸倉上山田温泉は、近年の信州の観光から取り残されてしまった地域である。ここは長野新幹線のルートから外れているため、車以外でのアクセスが困難である。21世紀に入ってからも、多くの旅館が廃業している。

戸倉上山田温泉の歴史は古く、江戸時代末期には村人が温泉を発見し、地元の人々がここで休息をとったようである。観光地として爆発的に発展するのは、高度成長期であり、多くの温泉旅館が作られた。こうした歴史は、上山田温泉株式会社の温泉資料館の展示を見ることで理解できる。

温泉資料館の展示は、地元中学の教諭であった滝澤公男氏（以後、氏との個人的なつながりから、〝滝澤先生〟と記述する）が、上山田温泉株式会社の意向を受け、ほぼ独力で作り上げたものである。賑やかだった頃の資料とは別に、展示の中で目を引くのは、温泉芸者の写真であろう。

戸倉上山田は、山梨の石和《いさわ》や静岡の熱海と並んで温泉芸者が多かった地域であり、ここでは１９５８（昭和33）年に法律で禁じられるまでは、事実上の売春も行われていた。芸者は、芸を売るもので春を鬻ぐ者ではないと考える読者もいるかもしれないが、地方における温泉芸者や枕芸者と呼ばれた人々の生活実態は過酷であった。

展示には多くのパネル写真が掲げられているほか、芸者衆の生活を偲ばせる空間が再現されており、そのそこはかとない寂しさが胸を打つ。温泉街には、芸者以外にも様々な事情から流入し、仲居さんとして生活した女性たちも多くいた。今でいうところの夫のＤＶから逃れて、子供と着の身着のままで辿り着いた女性も多かったそうだ。滝澤先生は、昭和の時代にこうした事情を抱えた子供を住民票なしで就学させるために骨を折られた。夫の借金取りが押しかけてくることもあり、地域の学校の教師は子供と母親を守る役割も果たした。

私が初めて戸倉上山田温泉を訪れたのは、ダークツーリズムという言葉を知る前であったが、こうした地域の悲しみの歴史を伝える必要性を感じ、学会で滝澤先生と共同発表を行った後、予稿を単行本に収録した。滝澤先生は、現在体調を崩されているが、この地を訪れる時は『観光とまちづくり―地域を活かす新しい視点―』（古今書院）を携えて見学してほしい。温泉街の悲しみを記述してある書物は、実はあまり多くない。

温泉資料館

戸倉上山田温泉の温泉芸者は、団体旅行の衰退とともに姿を消し始め、温泉旅館も潰れていった。では現代、この地における性産業は壊滅したのであろうか。

実は、長野県は風俗関係の条例が異常に厳しく、基本的に県内には店舗型の風俗を設けることができない。したがって、今でも、温泉街が欲望の受け皿となっている

上山田歓楽街の様子。外国人女性も多い

ケースがある。戸倉上山田温泉を週末に歩くと、アジア各国の女性が客を引いている。薄暗い通りに屯《たむろ》しながら、「オニイサン、マッサージイカガデスカ？」と声をかけられる。こういう場合、どう対応するかは読者諸氏の価値観に委ねることにして、昼間、同じ通りを歩いてみると面白いことに気づく。ハングルで書かれたメニューのある韓国料理屋もあるし、タイ語で説明が貼り出されたタイ料理屋もある。中華料理屋からは中国人同士の会話によくある喧騒が聞こえてくる。

この雰囲気は、規模こそ違え、『チェルノブイリ・ダークツーリズム・ガイド』（ゲンロン）で紹介したシンガポールの巨大売春街ゲイランに似ている。シンガポールは、基本的に高いけれども美味しいご飯が食べられる場所であるが、ゲイランは極端に小汚くて安い店が集中しており、アジア各地の様々な料理が供されている。シンガポールではあまりない中国東北部や華北の味も楽しめる。むき出しの欲望を肌で感じられるという意味で、性産業が立地している地域には独特の雰囲気がある。

さて、戸倉上山田温泉の今後の活性化については、なかなか糸口が見えてこない。地域の人たちは受け入れ難いであろうが、既述した女性の悲しみを感じられるような観光開発は、一つの新しい価値を生み出すのではないかと考えている。特に人権学習や男女共同参画については、女性が虐げられた記憶があるからこそ、この地での可能性を探ってみたい。

次の目的地でも、七十数年前の女性の悲しみを確かに感じられるはずである。旅を続けてみよう。

松代大本営跡へ

戸倉上山田温泉を後にして、車で長野市方面に向かってみよう。次の目的地は、松代大本営跡である。

日本は、1944（昭和19）年7月のサイパン陥落以降、本土が直接の空襲の危険にさらされるようになった。陸軍を中心とした旧日本軍は、〝本土決戦〟を唱え、アメリカを中心とする連合国を陸上で迎え撃つための準備を始めたのである。

この時期の日本軍の行動は、完全に冷静さを欠いており、正気の沙汰とは思えないのであるが、それが戦争の実相なのだろう。

松代大本営は連合国の本土上陸に備えて計画されたいわゆる地下都市である。筆者自身は土木・建築の専門家ではないが、1944年以降、日本軍が地下都市をまじめに検討し始めたのは事実である。横浜には、海軍が作っていた海軍壕があり、今でも月1回程度の見学会が開かれている(http://hiyoshidai-chikagou.net/ 参照)。他方、関西にも高槻・茨木エリアに陸軍の地下壕が計画されたが、こちらは、現在は朽ち果ててしまって、公の見学会は開かれていない。松代にしろ、横浜そして関西の地下壕にしろ、建設に際して劇的に土木技術が進歩し、地下の利用が進んでいったことになる。そして、この技術は、戦後の日本の発展に貢献したであろうし、実際に多くの地下都市の建設に応用されたことは容易に推察できる。現在の日本の地下街の技術的端緒が、戦争末期の本土決戦計画に求められるのではないかと考えている。

話を松代に戻してみたい。松代大本営は、〝大本営〟というくらいであるから、大変巨大なものであり、壕の長さは10キロにも達する。地下壕としては3カ所を作っていたところで終戦を迎え、現在はそのうち6キロほどの長さの象山《ぞうざん》地下壕と呼ばれる箇所の一部が無料で公開されている。

地下壕から10分ほどの距離に駐車場が整備されており、そこから風情のある街並みを眺めつつ入り口を目指すこととなる。実は松代は、先述の真田幸村とも因縁のある街である。真田幸村には兄がいたが、その兄の信之は関ヶ原の合戦前に弟と袂《たもと》を分かち、徳川方に与《くみ》することとなった。これは、父昌幸の計らいであり、息子を西軍と東軍の双方に入れることで、戦がどちらに転んでも真田の家系は守られるという狙いがあったという説がある。信之は、関ヶ原からしばらく経ってこの地を治めることとなり、齢90を超えるまでここで暮らした。名君として知られ、美しい城下町を築いたが、その名残りが松代の随所に窺える。壕までの道は、もちろん最近作られたものであるが、城下町としての雰囲気を味わいつつ進んでみたい。近くには、幕末の知識人佐久間象山を祀る神社もあり、歴史好きには見どころの多い地域である。

さて、地下壕の入り口まで来ると、プレハブ小屋の小さな資料館がある。実際の旅では、この資料館を見学してからのほうが楽しめると思うが、ここでは話を先に進めよう。地下壕自体は無料であり、入壕にあたってはヘルメットまで貸してくれる。ヘルメットをかぶる場所で、平和を誓う石碑が目に入るので、それを読んでみたい。あくまでも、平和を守るためにこの壕が公開されていることがわかる。ここには、地元の人たちの熱い思いが刻

松代大本営内部

み込まれている。

　実際に壕に入って行くと、入り口はかなり広く、車いすでも十分に下りて行くことができる。構内は明るいとは言えないが、歩くには困らない程度の光量があり、壁面の様子などを確かめながら一歩一歩踏みしめたい。かなり奥まで行ったところで、足元の整備が不十分になってくるので、その段階で車いすは進めなくなるが、それは本当に道のりの最後の部分である。バリアフリーについては十分に配慮されている。

　こちらに国家元首である天皇を招き、多くの兵力でこの場を固めながら、本当にアメリカと戦争を続けようとしていたようであるが、現代の知識で眺めてみると、やはり狂気の沙汰としか思えないわけである。公開されているのは〝一部〟とは言っても、かなりの広さがあり、いわば地下都市を造営していたと言っても過言ではない。この場に身を置くと、自分がある種SF映画の登場人物になったような「現実感のない現実」がそこには存在していた。筆者は、この遺構の持つ圧倒的な力の前に立ちすくむしかなかったのである。

さて、先述の資料館の展示資料を参考にしながらこの遺構について考えてみると、ここは非常にパラドキシカルな側面を持っていることに気づく。旧日本軍は、天皇をこの地に迎え、国体の護持と徹底抗戦を主張したことは先に述べたとおりである。では、この土木工事は実際には誰が行ったのであろうか。朝鮮半島から日本本土への労働力供給は、1942（昭和17）年から極端な拡大を見せるが、これは太平洋戦争の勃発にともなって、内地では働き盛りの男たちが徴兵されてしまったことに起因している。戦況が厳しくなった1944（昭和19）年段階では、中国人労働力の活用までもが検討される事態に至っていた。全国的にこのような状況であったために、天皇の御座所を作る仕事といえども、内地の日本人労働力だけでは全く賄うことができず、朝鮮の労働者に多くを頼らざるを得なかったのである。換言すれば、日本の国体を護持するための施設を、日本民族以外の労働力を使って作るという状況が生じていた。これは、ある意味で「滑稽」ですらあるとともに、もはや、〝国体の護持〟が日本民族以外の者の手に委ねられているという意味で〝逆説的とも感じられるのである。

「強制」連行と慰安婦を考える

もう一つ別の観点からも、この遺構は現代に問いかけを発している。土木工事を始めとして、男たちが集住する地域には、必ず女郎屋が出現する。これは、良いとか悪いとかといったレベルで捉えるべきではなく、いわば論理必然としての現実である。この地にも、慰安所として女郎屋が現れたのであるが、そのハードは地元住民の屋敷が国家によって接収されたものであった。慰安所の設営にあたっては、朝鮮の女衒《ぜげん》が活用され、いわゆる慰安婦たちも朝鮮から連れて来られた女性が多かった。

先の労働者の説明のところでは言及しなかったが、労働者の募集にあたっても、朝鮮の現地の口入れ屋が暗躍しており、不当な詐術を用いて労働者が集められていた。こうして考えると、松代大本営の建設にあたっては、朝鮮半島の人々が同じ民族を搾取し、その搾取労働力によって日本の国体の護持が図られるという何とも言えないやるせない状況が出現していたのである。ここまでくると、誰が何のためにやっていた戦争なのか、その本質が甚だわからなくなってくる。

また松代の地は、いわゆる〝強制連行〟と〝慰安婦〟の問題を考える上でも啓発的である。戦争末期、日本に存在していた朝鮮人労働力の内実は、決して一様ではなく、割と早い段階から移民労働力的に本土に移り住んだ人もいれば、詐欺のように騙《だま》されて連れて来られ、タコ部屋で酷使された人もいる。また、徴用によって、意に反して連れて来られた人もいた。

〝強制連行〟という言葉が持つ意味は、実は一義的に定まるわけではなく、使う人によって揺れがある。徴用で来た人たちは、強制連行のカテゴリーに入れて話されることが多いが、論者の中には徴用も社会システムの一翼を形成しており、被征服民を無理矢理に連れ去る強制連行とは意味が異なると主張する向きもある。タコ部屋に押し込まれた人々も、ご本人たちにとってみればそれは強制連行以外の何物でもないであろう。

法律論として強制連行であったかというレイヤーと、当事者のレイヤーは明らかに異なる。ただ、第五章で紹介した三井三池炭鉱を始めとして、現地の日本人の意識としては、「法律はわからないけど、あれは強制だったと思うよ」という意見を述べる方が多い。戦争末期、まだ子供であった人々は、朝鮮半島から来た人々が暴力を受けつつ働いていたところを見ている。そして、子供であったにせよ、大人に交じって朝鮮から来た人たちをはやし立てて蔑んだ記憶を持つ人もいた。こういう過去を持つ日本人の中には、年を経て、かつて自分が民族差別的な態度をとってしまったことに対する自責の念を感じているパターンもある。近代の日本の歴史を考える上で、内地（本州・四国・沖縄を除く九州）の人間が持っていた差別意識の内実について、我々は再度考えてみる必要があろう。

慰安婦に関しても、経済活動の一環であると唱える人もいるのであるが、経済格差の下位にある地域から女郎として売られてくる人たちにとって、それは自分ではいかんともしがたい人身売買の被害に感じられるであろう。実際には親が売ったとしても、本人は親を恨むというわけにもいかず、その怒りは国家や社会システムに向くことになる。

19世紀から20世紀にかけての我が国と朝鮮半島の経済格差が原因となって、非常に辛い人生を送った人がいたことは確かである。それをどのように捉えるのかは、各自の歴史観に委ねられることになるが、松代の地はかつての確かな格差の存在を確知できる場であり、訪れる者の思考を研ぎ澄ましてくれる。

さて、松代を後にしたら、もう少し北に足を延ばして国宝善光寺を見てもよい。次の目的地は諏訪湖の湖畔であるので、松本に寄って、これまた国宝の松本城に上ってみるのも面白いだろう。

女工哀史とダークツーリズム

今回のダークツーリズムの旅の最後は、岡谷市の旧林家住宅を訪れてみたい。ここは、地元で蚕糸産業を営んでいた名士の住宅であり、現在は蚕糸業に携わっていた人々の往時を偲ぶ博物館としての機能を有している。

蚕糸業に関して、世間一般の人々は、いわゆる山本茂実『あゝ野麦峠』（角川文庫）や細井和喜蔵『女工哀史』（岩波文庫）のイメージを持ち、過酷な搾取労働が展開されていたと思っているかもしれない。実は、私もその一人であったのだが、どうもこの考え方は、根本的に誤っていたようである。

旧林家住宅では、明治期の女工さんたちの生活実態が紹介されているのであるが、一日12時間労働や寮の部屋が雑魚寝《ざこね》であったなどという展示内容は、なるほど確かに今の労働観からすれば劣悪と感じられるのかもしれない。しかし、当時の労働者一般の水準からすれば、特に悲惨と言えるのかは判断しかねる。

展示を見る限り、女工さんたちは活き活きと働いていたばかりか、工場に感謝していたこともわかる。『あゝ野麦峠』でも触れられているが、女工さんたちの出身地は長野と他県の県境の山深い地域が多く、農業の生産性はあまり高くない。こうした地域は、当然人口支持力が低いので、余剰労働力は村外にはじき出されることになる。そこで就職先として、当時大量の労働力を必要としていた蚕糸業が選ばれたわけである。

ここでの生活については女工さんたちの率直な気持ちを表した記録が残っている。ご飯をお腹いっぱい食べられるようになったことに対する満足についてはもちろん、給料に関しても基本給部分と出来高部分があり、それに対する不満はあまり見られない。さらに、寮生活の間に、読み書きの手習いや裁縫等のいわゆる花嫁修業に類するトレーニングも受け、寿退社という人生を過ごした者が多かった。

蚕糸工場での仕事が、単なる搾取労働ではないという点については、一度退職した女性たちが子育てを終えた後、自発的にパートタイマーとして復職したという事実からも推定できる。全国的に労働運動が盛んになってきた20世紀には、東京から組合を組織するための工作員が送り込まれることがあったが、会社と労働者の対立が起きなかったため、結果的にこの地で労働運動が激化することはなかった。

蚕糸業の工場といえば、世界遺産となった富岡が有名であるが、あちらは官営であるゆえ、旧士族階級の子女を工女に多く迎え、宿命的に高コスト体質を背負ってしまった。岡谷は民営、しかも〝組合立〟と言ってもよいタイプの共同出資であった。民営であるためコストは切り下げていたが、経営者たちは持続可能な発展を目指したために、一方的な収奪と搾取を繰り広げなかったのである。

実は、この構造は、岡谷・諏訪地方だけに特徴的に見られた傾向ではない。蚕糸業、そして繊維産業一般に女性労働者の保護と労使協調の様子が窺えるのである。筆者がこれまで見てきた例で言えば、京都府綾部市のグンゼがまさに似た状況であった。グンゼも西陣織の職人を抱える京都市に向けて糸を供給していたが、女性労働者に教育を与え、子育て後の復職が一般的であった。倉敷のクラボウにも同種の状況が見られることがわかっている。

このように、客観的には労働者の搾取が行われていなかったにもかかわらず、なぜ搾取のイメージが一般に浸透してしまったのだろうか。ここから先は、実証が難しくなるが、昭和40年代の状況を説明しておきたい。この時期は、東西冷戦が華やかなりし頃であり、労働運動も盛んであった。左派勢力は、労働運動のさらなる高まりを求めて、わかりやすい構図を持った物語を探していた。そういった社会情勢を背景に、朝日新聞社から196

8（昭和43）年に『あゝ野麦峠』（現在は角川文庫版が入手可能）が発売されるとともに、後に映画化され大竹しのぶが健気な少女役を演じた。

健気な少女たちが搾取されるストーリーと大竹しのぶというシンボリックなヒロインは、大きな訴求力を持ち、大衆の支持を集めた。筆者としては、すでに説明した事実から、『あゝ野麦峠』の構図はある種のフィクションではないかと考えている。2018年2月5日現在、ウィキペディアの『あゝ野麦峠』の項目には、当該書物が決して労働者寄りではなく、相対性を持って書かれているような記述が見受けられるが、原典を確認してみてもやはり労働者側に立った視点で全編が貫かれており、決して中立的な目線では描かれていない。断片的に、会社に肯定的な記述が見受けられるが、それは全体から見れば、非常に少ない。

当時の労働者の待遇として、さほど問題のなかった製糸工場の現場を、ことさらに叩いた傷跡は非常に大きく、今でも地域に暗い影を落としている。〝岡谷の製糸工場〟と言えば、虐待と人権侵害が想起される状況になってしまっていたので、地元の人々はイメージの払拭《ふっしょく》に懸命である。ただし、この本が書かれた時代は、ソ連も元気であり、マルキシズムや労働運動に対する評価も感性も現在とは全く異なっていた。当時は社会党や共産党の勢力も強く、21世紀という時代から批判をするのはいささか気が引けるのも確かである。

　この旧林家住宅は、一山カ《イチヤマカ》林製糸所の初代の家を改装して、前述のとおり博物館として利用しているが、展示内容はこの地で労使の関係を超えたコミュニティが育っていたことを示すものである。ここには、地元のガイドの方もいて、蚕糸産業が盛んであった頃の岡谷の状況を語ってくれる。ダークツーリズムのポイントだと思って訪れてみたところ、実は全く違うコンテクストを発見する訪問であった。

旧林家住宅

　なお、旧林家住宅は、2002（平成14）年には重要文化財の指定も受けており、装飾用の和紙である金唐革紙も公開されている。美を楽しむという観点からもぜひ訪れてみたい。

方法論としてのダークツーリズム

　実のところ、何を隠そう筆者は長野出身であるが、ダークツーリズムという研究テーマを確立するまで、自分の故郷について深く考えたことがなかった。中学での不登校や高校の中退などもあって、あまりいい思い出もない。ただ、ダークツーリズムの観点から、我がふるさとを捉えてみると、日本の20世紀を鳥瞰《ちょうかん》できる観光ルートを見出せるのである。地域を見つめる新しい視点として、ダークツーリズムという方法論は、実はかなり強力なのではないかと実感した次第である。

今回、おそらくどのガイドブックにも載っていない、ここだけの信州の旅を記した。これを読まれている皆さんが、新しい信州の価値を感じてくれることを祈りたい。

旅のテクニック

一般的に知られている知識であるが、ＪＲは一筆書きの距離が長くなればなるほど1キロあたりの料金が下がり、お得度が増す。東京から今回の目的地を回る場合、東京都区内を出発点として、東京―高崎―上田―長野―松本―塩尻―八王子―新宿という経路をたどると、乗車券はかなり安くなる。長野―松本間の車窓の風景は鉄オタにも評価が高い。東京から上田まで、一気に新幹線で移動するのもいいが、在来線のグリーン車を使うと、また違った旅情がある。この方法であれば、湘南新宿ラインなどからでも高崎に入れるので、普段の通勤・通学経路が観光ルートになり、新しい発見があるかもしれない。

鉄道旅行にこだわらない人は、上田からレンタカーを借りて本文中の観光ポイントを回り、岡谷か松本で返すとよいであろう。松本―新宿間は特急あずさで戻ってもよいし、高速バスもある。道路地図を見てもらうと、今回の旅程は東京からはほぼ一筆書きで回れるため、少人数グループの旅の場合は、東京から車を使うという選択もある。

九州や北海道からは、松本空港への直行便があるので、実は長野は結構アクセスしやすい。関西からは夏の間は松本空港が使えるが、それ以外は高速バスか鉄道で松本に入ることになるので、時間的には少々かかる。

宿泊であるが、本文中で薦めた戸倉上山田温泉には、温泉施設のついた出張族相手の宿もあり、かなり安く泊まれる。飲食店も豊富にあり、食事をセットにしない旅館の予約というのも考えられる。

非常に自由度の高い旅を設計できるので、計画段階から色々と楽しんでほしい。

なお、筆者はもちろんここで挙げたすべての場所に行っているが、岡谷に関しては、2008(平成20)年の訪問であった。ただし、旧林家住宅の展示の方向性や位置づけについては変更がないことは確認できているので、信州におけるダークツーリズムのコースに組み入れて行程を提案した次第である。

第七章　足尾銅山と渡良瀬川の爪あと

——栃木・群馬

足尾鉱毒事件と田中正造

紀行文の名手としても知られる西原理恵子画伯は、名著『鳥頭紀行ぜんぶ』（朝日文庫）の中で「りえぞうさん（筆者注：画伯のこと）はものすごい高確率で多分絶対もう二度と栃木と佐野には来ないだろう」と記している。この認識は、佐野が持つ価値を見損なっているとも考えられるし、真実の価値に佐野自体が気づいていないと言えるかもしれない。佐野を始めとする、渡良瀬川下流域は本質的な旅の目的地としての価値を有している。それは、足尾鉱毒事件が訪れる人々に有益な示唆を与えるからであり、また現代につながる論点を今もまだ持ち続けているからでもある。ここでは、足尾を起点に渡良瀬川を下りつつ、近代日本の産業社会と環境問題を考える。

多くの日本人は、学校の教科書で、田中正造の逸話を通して足尾鉱毒事件について学ぶ。栃木の足尾銅山で掘削および製錬をした際の廃棄物が渡良瀬川に捨てられた後、川の流れにそって下流域に運ばれ、甚大な鉱毒の被害が生じた。ただ、この話を知っていたとしても、スケールを頭に思い浮かべられる人はあまりいないのではないだろうか。地図を見ると一目瞭然であるが、公害の原因物質発生場所と被害が生じた下流域は、実際の移動距離で測ると最大で80キロほども離れている。換言すれば、公害の原因と結果が全く違う地域に存在しているのである。この距離の移動は、近代を鳥瞰的に把握することにつながる。

さて、実際に旅に出てみよう。

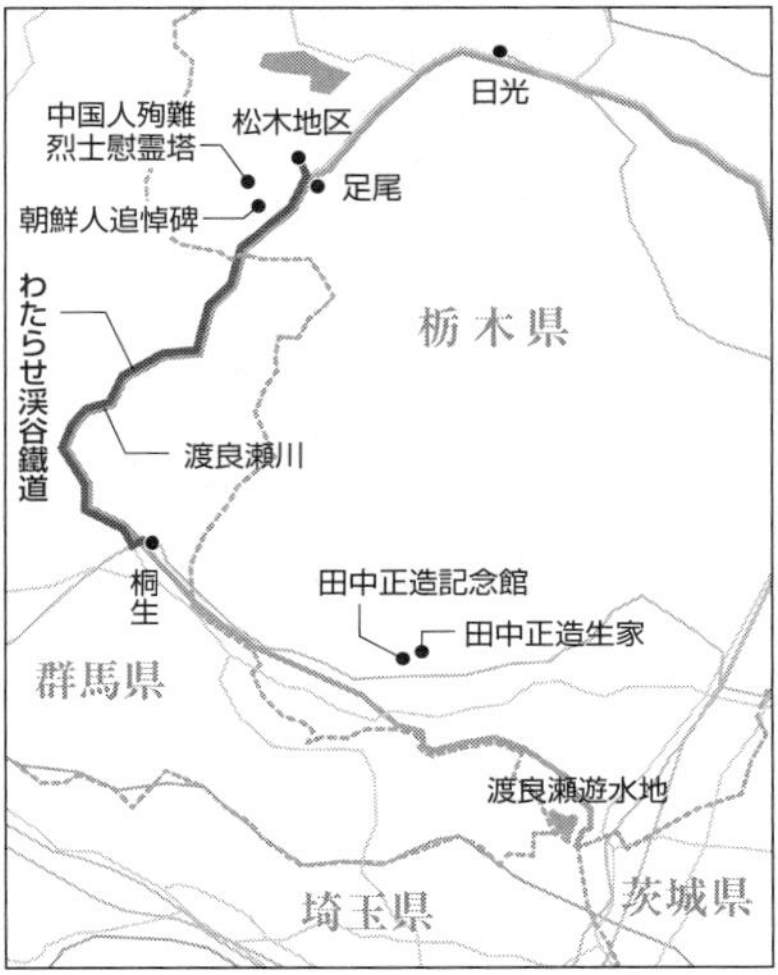

ゲートウェイとしての日光と間藤

足尾鉱毒事件を実際に辿る旅に出ようとすると、起点は日光になるかと思う。東武鉄道かJRで日光に行き、レンタカーを借りよう。そして、間《ま》藤《とう》駅を目指してもらいたい。間藤駅は、現在のわたらせ渓谷鐵道における旅客用の始発であるが、レールはさらに上に延びている。この部分は、銅製錬工程のために使われた産業用の鉄道である。地図上、線路にそってもう少し上に登

坑道は現在、観光に供されている

り、本山あたりで休憩しよう。

ここまで来ると工場の跡が見えるし、少し歩けば巨大煙突も目に入る。完全な遺構かと思って散策すると、煙突の周囲には、結構な数の乗用車が止まっており、ここは単純に廃墟ではないことがわかる。ウォーキングを楽しんでいる地元のお年寄りに聞いてみると、工場自体は稼働していないが、事務仕事は残っており、それで働きに来ている人はそれなりにいるとのことであった。一体何をしているのだろうとその時は思ったのだが、その疑問は後に氷解する。

また、ここからさらに奥に入った松木地区は、足尾銅山の煙害にやられてしまったエリアである。足尾銅山といえば、渡良瀬川流域の鉱害を思い出しがちであるが、実は上流も無傷だったわけではなく、銅の製錬で出る煙は木々を山から奪い去った。現在は、植林によって少し回復しているが、一番ひどかった時期は、まさにハゲ山という形容がふさわしい状態であった。その姿は、後述する足尾歴史館で見ることができる。

旅は始まったばかりだ。ここでは、かつてハゲ山があったことと、まだ働いている人がいるということを問題意識として持ちつつ、さらに旅を続けよう。

足尾の〝光〟

車は引き返すように山を下り、県道250号線に入る。この分岐には、明治に入って足尾銅山を実質的に経営した古河財閥の古河掛水倶楽部があり、豪奢《ごうしゃ》な風情が楽しめる。ここは平日でもあらかじめ予約をすれば中も見られるが、基本的に4月〜11月の土日祝日に一般公開されている。鉱山を持つ財閥系企業では、本社からの出張組を接待したり、来客をもてなすための立派な迎賓館が多く作られた。工場とは別の意味で、戦前のこの街の隆盛期を推し量ることができる施設である。

ここから少し足尾駅側に車を走らせると、足尾歴史館と足尾銅山観光が見えてくる。足尾銅山観光は、実際の坑道の一部を観光客に開放し、銅山の歴史を歩きながら学べるようになっている施設である。入り口はどこかのどかな感じがするし、構内に入って行くトロッコは、娯楽性に満ちている。

入坑までのアナウンスで鉱毒についても触れられているが、放送のメインはやはり明治期の日本を支えた世界有数の銅山であったという、まさに〝光〟の部分の説明である。

トロッコを降りて坑道を歩いて入って行くと、江戸・明治・昭和の順に掘削技術がどのように進んでいったのかがジオラマでわかるようになっており、技術系の展示としても楽しめる。立体展示が終わった辺りに、小さな展示室が二部屋分あり、その後、坑道の壁面に資料を並べている。内容の多くはインターネットでも入手できるものだが、朝鮮人労働そして中国人に関しては戦争捕虜としての労働に関する記述があり、日光の市営でありながら加害展示にまで踏み込んでいたことは興味深い。

さて、前述の歴史館には徒歩でも向かえる。橋を渡りながら、5分程度歩いて行ってみたい。有志が運営する歴史館は2階建てで、展示資料は数多くあるが、残念ながらあまり整理されておらず、ボランティアガイドの方の説明を受けながら見ることになる。ガイドの方は思いの丈を語られるので、ここで予定している時間を伝えた上で見学させてもらうとよいであろう。

展示は、当然のことながら足尾銅山と旧足尾町の光の部分が多くなっている。労働争議に関する言及は多少あるものの、日本の近代化に足尾銅山がどのように貢献したかという点はもちろん、銅製錬の最盛時には大きな街があり、遊郭さえも賑わいを見せていたことを写真パネルや展示品で説明してもらう。さらに、立体模型を用いて古河財閥が、当時としては先進的な公害対策を施していたとの解説も受ける。足尾鉱毒事件に関して、小学校の教科書レベルの知識を前提とすれば、企業側が公害防止に尽力したというのはほとんど初めて聞く話ではあるし、多くの来場者は驚いたり、また感心したりといった気持ちを抱くかもしれない。ただ、企業のこうした対応が、下流域の人にどう受け止められたのかという点については、旅の後半で再度考え直すことになる。

ところで、足尾銅山は長期にわたって掘削と製錬が続いたため、現在に至るまでいまだ有害物質が下流に流れないための監視体制が敷かれ、そのための浄化設備が稼働している。冒頭で述べた、「事務仕事に残っている人」というのは、この公害防止に付随する各種の業務のうちの管理的な分野に従事している人々である。私たちは、足尾鉱毒というとすでに遠い明治の話に聞こえてしまうが、実は現在においてもリアルタイムの問題として意識する必要がある。

歴史館での見学を終えたら、足尾の観光マップをもらい、館内の説明で関心を持ったところを訪れてみるとよいだろう。地図には、撤収した集落の跡や旧坑道の入り口が示されているので、時間と相談して見学したい。この見学は一人でもできるが、お金に余裕があればぜひ有償ガイドを依頼してみよう。ガイドは、日光市観光協会足尾案内所（電話0288-93-3417）から依頼できる。私の旅では、地元を知り尽くした「足尾まるごと井戸端会議」の山田功さんに案内をお願いした。

ガイドとともに巡る足尾

遺構と廃墟は何が異なるのであろうか。廃墟は、ハードウェアとして打ち捨てられた物体そのものである。一方、遺構は、客観的な見た目は廃墟と同じようであっても、そこにコンテクストを読み込み、人間の文明活動の所産として存在している状況にあるものを指す。この物体にコンテクストを読み込む作業は、異邦人や部外者には難しく、旅先で意味のある石像があったとしても見落として帰ってくる経験は読者諸氏にもあるであろう。その意味で、ガイドと地域を歩くということは意味のある営為である。

ただし、ガイドの側も単に目の前の状態を説明するだけでなく、比較文明史的に対象物の意義や背景を説明できなければ、単なる「旗持ち」（団体旅行で、旗を持って先頭に立って歩く人）になってしまいかねないので、ガイドの見識はダークツーリズムという経験において重要な意味を持つ。今回お願いした山田さんは、その意味では最適の方であったと思う。

ダークツーリズムポイントでしばしば出会うガイドは、いかに大変な悲劇があったのかということを全力で語ることがよくあるが、状況を客観化できない語りは、旅人に「大変だったんですね」としか言わせられず、内面的な啓発を与えることが難しい。これは、ダークツーリズム以外の観光形態にも言え、「ここが素晴らしい」という押しつけがあると、旅人の内なる革新につなげることがやはりできない。

眼前の状況を他の地域との比較の中で述べ、最終的な解釈は旅人に委ねるとともに、旅人にゆっくりと考える時間を与えながらガイドをしてくれる専門家というのは日本ではあまりいない。これは、日本でガイドが専門家の仕事として認知されていないことに起因するわけであるが、国策として観光を振興するのであれば、こうした人材育成も重要になってくる。

中国人・朝鮮人の過酷な労働

さて、話を元に戻そう。山田さんの説明を受けつつ、車は狭い山道の県道庚申山公園線

中国人殉難烈士慰霊塔

を北上することにした。開けたところに温泉宿、傍らに立派な中国人殉難烈士慰霊塔があり、そっと手を合わせた。1944（昭和19）年後半の段階では、戦争捕虜を中心として、日本各地で中国人の強制労働が行われていた。これは、秋田の花岡事件にも通じる話で、足尾の鉱毒の悲劇はしばしば伝えられるが、強制労働の話はあまり知られていない。

他方、道路を戻って行ったところにある朝鮮人の慰霊施設は、悲しい状況となっている。旧足尾町は、足尾銅山の発展に朝鮮人労働力が貢献したことは確かであるので、慰霊の方法を模索していたようである。ただ、形にする過程で強制連行か否かという政治的な論争になってしまい、ここで話が止まってしまった。その結果として、現状は写真にあるとおりである。鹿児島県知覧特攻平和会館やサイパンのバンザイクリフ周辺にも、朝鮮半島出身者への慰霊のモニュメントは存在しており、ここも調整はできなかったのかと部外者である筆者は思ってしまうのだが、〝強制〟の言葉でやはりデッドロックに陥ってしまい、

朝鮮人慰霊施設

今に至るとのことである。

この他、かつての坑道の入り口跡や鉱夫たちが入った風呂の跡など、往時の写真と比較しながらご案内いただいた。現在、発電所関連施設になっているところは、銅山の最盛期には遊郭があったとのことで、栄華を極めていた様子も説明を受けた。鉱業というものが国家の基幹産業であり、確かに明治を支えたという手応えを得つつ、私は下流域へと旅をつなぐ。

わたらせ渓谷鐵道の旅

わたらせ渓谷鐵道は、明治期に古河財閥が銅の運搬のために敷いた鉄道に遡る。これが大正期に国のものとなり、やがてJRそして今の第三セクターの経営になった。国策の変更にともなって数奇な運命を辿った路線だ。

運行本数は少ないものの、可能であるならばぜひ数駅間でもこの鉄道を味わってほしい。景色もさることながら、これは明治日本の殖産興業を支えた血流であるとともに、眼下の渡良瀬川はまさに鉱毒を運んだ川でもある。圧倒的な美しさの中に、近代日本の光と影が存在している。

レンタカーで行く場合は、原向《はらむこう》の駅から乗り、時刻表と相談して適当なところで折り返して原向に戻り、再び車に乗ることにしよう。私は車で渡良瀬川にそって群馬県に入り、1泊目の宿を桐生にとった。

二日目の変化

二日目は初日と全く異なる風景が広がってくる。これは、単にランドスケープ（客観的意味での光景）としてだけではなく、下流域は鉱毒の被害地域であるため、足尾銅山に対する感慨が全く異なるということも意味している。旅の最終目的地は、足尾鉱毒を軽減するために国が作った渡良瀬遊水地であるが、これについては後に詳述する。

足尾鉱毒事件と聞けば、冒頭で述べたように明治の公害事件のように思いがちであるが、認識を新たにするために、道中、太田市毛里田《もりた》地区に寄ることにする。実は、群馬県側でも、洪水のたびに鉱毒が田畑に流れ込み、甚大な被害が出ていた。昭和40年代に米からカドミウムが検出され、検査の結果、足尾の鉱毒に由来することが判明している。毛里田地区の人々は公害等調整委員会において、粘り強い交渉の末に古河鉱業側に責任を認めさせ、補償金を得た。この運動をリードした地元の政治家は保守系であり、鉱毒問題が党派を超えた課題であったことがわかる。

旅の初日では、古河が非常に肯定的なコンテクストで説明されていたが、このあたりから旅人としての目線が変わってくると思う。

太田市毛里田地区にある「祈念鉱毒根絶」の碑

田中正造を辿る道

車は東へと進み、群馬県の館林市に入る。ここには、田中正造記念館があり、理事である島野薫さんからお話を伺うことができた。島野さんは、時間が合えばガイドツアーをお願いできるので、希望される方はぜひ記念館に電話をしていただきたい。

この記念館では、田中正造の功績だけでな

頭山満による碑文

く、鉱毒被害の全体像も知ることができる。実は、栃木県の佐野市郷土博物館にも田中正造に関連した展示はあるものの、鉱害に関する展示は、民営の田中正造記念館のほうが充実している。佐野市には他に、県指定史跡である田中正造旧宅もあるが、こちらも田中正造についての掘り下げていても、鉱毒についてはあまり言及されていない。鉱毒の被害がひどかったことを、地域の歴史として説明するのは公的な立場では難しいのかもしれない。

公害の風評被害は、かなり尾を引くものであり、行政がこれを助長するような動きは住民の支持を得にくいかとは思う。そしてこの論理は、旅の最後に農産物である米や酒の取材で痛感することになった。

田中正造記念館で、渡良瀬川下流域の被害と田中正造の足跡を概観した後、どう動くのかは旅人ごとの判断になろう。歴史的な関心が強ければ、右に紹介した旧宅や田中正造の骨が分骨されている佐野厄除け大師（惣宗寺）を訪れればよいだろうし、環境問題に興味があれば渡良瀬遊水地に多くの時間を割いたほうが面白いかもしれない。

今回は、渡良瀬遊水地を訪れる前に雲龍寺と田中霊祠に立ち寄った。

雲龍寺は、足尾鉱毒事件の対策総本部としての役割も持っていたことから、こちらも田中正造の骨が分骨されている。事件に関連した各種の石碑や正造の遺徳を偲ぶお堂を見学することができる。また地図を見ると興味深いことに、この辺りは渡良瀬川の北側でありながら、群馬県館林市に入っている。渡良瀬川の沿岸には、改修工事にともなって流路が実際の行政区画とずれてしまい、飛び地のようになってしまった地区が幾つかある。カーナビの指示どおり運転していると、「群馬県に入りました」「栃木県に入りました」と繰り返しアナウンスが入るのだが、それがまたこの流域の歴史の複雑さを感じさせる。

田中霊祠には旧谷中村住民によって守られ続けた正造の分骨があり、カツ夫人も分霊が祀られている。ここで目を引いたのは、右翼の大物であった頭山満の碑文である。田中は、幸徳秋水を始めとして左派勢力と親交はあったが、自身は党派的な運動と距離を置いていた。地域の問題と実直に関わろうとした政治姿勢は右派からも支持を受けており、その意味でも傑出した政治家であったことがわかる。感慨深く碑文を眺め、最終目的地である渡良瀬遊水地を目指す。

渡良瀬遊水地の「解釈」

渡良瀬川はカーブのきつい河川で、明治以前からしばしば氾濫していた。しかし、氾濫が大きく社会問題化してくるのは、足尾銅山の操業が盛んになって以降である。現在の群馬県太田市や館林市および板倉町、そして栃木県側では佐野市や旧藤岡町（現在は栃木市の一部）のエリアが繰り返し鉱毒の被害に遭った。

鉱害対策として時の政府は、旧谷中村を犠牲にして、洪水時に毒物を沈殿させるための池を作ることを考えた。これが渡良瀬遊水地の発想の源であるのだが、この地に人工池を作ることは政治的な意図もあったと言われている。旧谷中村は田中正造の活動拠点であったため、ここを水没させることは反対派の拠点を消滅させることを企図していたし、谷中村を捨て石にして他の近隣の村を守ることで住民運動を分断させる狙いもあった。権力側は、１９０５（明治38）年に法的手続きを開始し、その後は粛々と谷中村を廃村に追い込みつつ、住民の追い出しにかかった。この辺の経緯は、ＮＨＫドラマ『足尾から来た女』に詳しい。ドラマでも相当数の住民が谷中村を後にし、移住したことが描かれているが、移住先は、第三章で言及した北海道の佐呂間である。

残った住民たちは10年程度頑張ったが、どうにも立ちゆかなくなりこの地から撤退することになった。現在は、谷中村の役場があったところに、かろうじて遺構らしきものが残ってはいるが、とても史跡として保存されているとはいえない状況である。

こう考えると渡良瀬遊水地が「負の遺産」に思われるかもしれない。実際、旧谷中村なり田中正造なりを核とした記憶の承継活動に熱心な人々からは、「足尾銅山に光も影もない。あるのは影だけだ」という声も聞かれる。ただ、旅人というある意味〝無責任〟でニュートラルな立場からこの辺りを歩いてみると、評価はとても難しい。

渡良瀬遊水地

地元の人たちが〝アパッチ砦〟と呼んでいる展望台に行くと、山手線環内のおよそ半分と言われる広大なエリアが遊水地になったことが実感できる。ここは長年人間による開発の手が及ばなかったため、現在は水鳥の生息する湿地帯になっており、その環境を保全するためのラムサール条約の対象地に2012（平成24）年に登録された。ラムサール条約はユネスコがオーソライズした環境保全の仕組みであり、この評価指標では非常に環境の良い場所ということになる。この地にはまさに生命の営みがあり、様々な鳥や虫、そして草花が息づいていることもわかる。

そして、展望台から旧谷中村役場跡に行く途中にある「体験活動センターわたらせ」を覗いてみよう。ここには、2015(平成27)年9月に猛威を振るった集中豪雨の際の周辺の状況が報告されている。この時、当該遊水地はまさに地域を救っている。この遊水地がなければ、鬼怒川流域のように悲惨な状況になっていた可能性があるわけで、この遊水地はけっして無駄な公共事業ではなく、現実に役に立つ存在なのである。

一方、旧谷中村役場があった場所のさらに奥まったところには、移住に反対した村民たちの縁故者の墓がある。国は当初ここも池にしようとしていたが、旧谷中村の関係者や支援者が重機の前に立ちふさがり、作業を諦めさせた経緯がある。この場所は、航空写真で見るとハートのへこんだエリアであり、地元の諸団体が地域振興の観点からここを「恋人の聖地」として紹介しようとすることに、旧谷中村の記憶をつなごうとする人々の間からは批判的な意見もある。環境関連の活動をする人たちにも話を聞くことができたものの、旧谷中村の記憶の承継に関わる人々との連携は残念なことに薄い。

さらに、遊水地の外縁には別の自治体の田んぼが広がり、そこではラムサール条約登録地であることを活かした米と酒のブランディングが行われている。本書では、足尾鉱毒からの地域の回復というダークツーリズムのストーリーとして紹介したかったのであるが、当該商品のチラシでは鉱毒とラムサール条約との関連については全く言及されておらず、地域のダークサイドから掘り下げる紹介は、残念ながら市の当局から拒絶されてしまった。

この場所で起きたことへの思いは人それぞれであり、150年にわたる地域史の理解は一筋縄ではいかず、旅人としては立ち尽くすほかない。

「旅人」という無責任な存在

1泊2日、約80キロの旅ではあるが、足尾銅山から渡良瀬川を下り、遊水地に至る旅路には近代日本の社会問題が集中している。旧足尾町には、日本が抱える中国や韓国との外交問題が垣間見える一方で、確かに明治という近代国家の栄光の残滓が読み取れた。また公害の発生源であった上流域と被害地域である下流域とのコラボレーションは達成されておらず、統一的かつ鳥瞰的な旅をすることは難しい。統一的な地域戦略が見えないのは、渡良瀬遊水地の周辺に限ってみても感じられることで、歴史系の活動と環境保護活動との連携は前述のとおりいまだ不完全である。わずか80キロの間に、鉱工業・外交・労働争議・過疎・農業・環境問題・地域間対立・除染・強制移住・土木事業・政治などなどまさに近代日本を俯瞰できるコンテンツがあり、これは壮大な大河ドラマを構成するほどであるし、現代の福島に通じる論点も内包している。にもかかわらず、コンテクストとして体系的に供される状況にはなっていない。

これは非常に残念な状況であるが、克服の可能性がないわけではない。その役割は、旅人（ツーリスト）という非常に〝無責任〟な存在が担う。上流域と下流域の交流は基本的に薄いのだが、旅人は自由に行き来でき、旅先で見たことを別の場所で話をする。受け入れるホストの側は、旅人の話で啓発を受け新しい道を模索する。まさに旅という「弱いつながり」が地域イノベーションを誘発する。

実は個人レベルで、連携の兆しは見えつつある。文中で紹介した島野薫さんは、「足尾に緑を育てる会」の理事も務めており、上流域での植林活動に熱心である。そして、当然のことながら、前出のガイドとして紹介させていただいた山田功さんとも仲が良い。上流域の旅人を下流域に紹介したり、そしてその逆の対応も時にはされるそうである。

そして、田中正造記念館に置かれている一片の石は、足尾歴史館から寄託されたものであり、かつての分断は悲しみの記憶と環境回復を踏まえた未来志向の新しい関係に変化していく可能性がある。ラムサール条約の登録は、80キロをつなぐ新しい地域協働の萌芽を感じさせるものだ。10年後にまた同じ旅をしてみたい。

旅のテクニック

レンタカーを借りる場合、既に述べたとおり、大手で借りると同一都道府県内なら乗り捨て無料になるケースが多い。今回の旅は基本的にレンタカーで回るわけだが、日光で借りて佐野や小山で返すのであれば、乗り捨て料金がかからない業者がある。これが不思議なことに、近場であっても桐生など群馬県側で返してしまうと高額の乗り捨て料金をとられる。県境と主要駅の位置関係を把握して、うまく使うのであればレンタカーはかなりお得な移動手段となる。

第八章　バンダアチェから考える災害復興

――インドネシア

インドネシアの果て

本章では、インドネシアのバンダアチェを取り上げる。『地球の歩き方』にも紹介されていないここは、空港の名前もイスカンダル・ムダと呼ばれ、まるで宇宙戦艦ヤマトに乗って世界の果てに来ている感じがしないでもない。ただ、後述するようにダークツーリズムポイントとしては、避けて通ることのできない場所である。

まず、地理的位置を確認しておきたい。バンダアチェは、スマトラ島の最西北部にあり、アチェ州の州都となっている。首都ジャカルタからは2700キロ程度離れており、地理的にはもはやタイのプーケットやマレーシアのペナンなどの都市に近い。インドネシアはもともと、非常に広い領域を有しているため、各地域ごとに個性豊かな文化が花開いている。ジャカルタとバリ島では当然異なる文化的様相を見せているし、アチェと東端の西テイモールやニューギニア地方は全くと言っていいほど文化的に異なっている。政治的な行《ゆく》立《たて》は後ほど説明するが、アチェの場合、通常イメージする〝インドネシア〟とは、かなり異なった社会であることを念頭に置いてほしい。

なお、本章を執筆するにあたって参考にした資料のすべてを網羅的に挙げることはしないが、記述内容は多くの現地の人々へのインタビューに基づいている。アチェの概略についておおまかに把握したい方は、まず公式ＷＥＢサイト（http://aceh.net/）を訪れ、そこから気になった言葉を検索エンジンで調べていくとよいであろう。

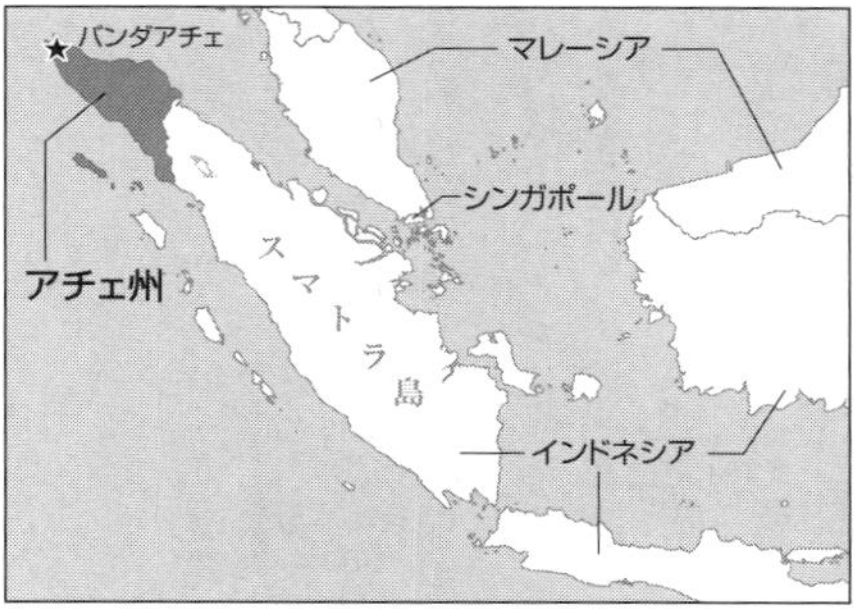

２００４年のインド洋津波

〝バンダアチェ〟の名称が一般に知られるようになったのは、２００４（平成16）年12月26日に発生したインド洋津波の惨劇以降であろう。インド洋津波は、いわゆるスマトラ沖大地震によって引き起こされた津波災害であり、ＷＨＯ（世界保健機関）のまとめによれば、22万７０００人以上が亡くなったとされる。推定される死亡者数や行方不明者数については、かなり幅があり、正確なことはよくわかっていない。これは、アジア地域では日本ほど厳格な住民数の把握ができていないことや、軍事政権下にある国は情報公開をしたがらないことに起因している。ただし、インドネシア全体では16万7700人以上が亡くなっているという報告もあり、いずれにせよ歴史に残る大惨事であったことは確かである。

この津波災害は、被災地が広く分布していたため、被災社会の実像は多様である。筆者は、アチェ州の州都であるバンダアチェとタイのプーケットを取材したが、この2つの間には同じタイプの自然災害を経験した街とは思えないほどの差異があり、被災地支援や被災者支援のあり方も現地の状況に応じてなされなければならないという教訓を得ることができた。

本章では、アチェを中心に論じることとするが、一部プーケットに関しても末尾で言及し、被災社会の実態を明らかにしておきたい。

日本から来訪者が増えたバンダアチェ

後述するアチェ津波博物館の元館長であるラマダニ氏によれば、アチェには3・11以降、日本からの来訪者が急増しているそうである。東北地方の小・中・高の先生方がアチェを訪れ、「こんなに立派に復興されて、素晴らしいと思います」という話をよくされるそうだが、この認識は実は正確ではない。

アチェという地域は、第二次世界大戦後、ジャカルタの中央政府に対して長い間、分離独立闘争を繰り広げてきた。これがいわゆる〝アチェ独立闘争〟である。この独立闘争については、残念ながら詳しく述べる紙幅の余裕がないが、アチェは私が経験してきたインドネシアとは、全く異質の文化を持っていた。

私は、インドネシアの「ゆるいイスラム」の雰囲気がかなり好きで、「これまでの人生で過ごした至福の時間を教えてください」と問われれば、ボロブドゥール（インドネシアのジャワ島中部にある大規模な仏教遺跡）の敷地内にあるマノハラホテルでビールを飲みながらゆったりと遺跡を眺めた経験を挙げている。またシンガポールから船で入ったバタム島やビンタン島では、普通にアルコールが買え、特にビンタンビールは有名なビールのブランドとして認知されている。

ところが、アチェに住む人々は非常に厳格なムスリム（イスラム教徒）であり、アルコールの購入は現地では不可能であった。わずかに外国人向けホテルやレストランでのみ、例外的にビールを飲むことができた。また、女性の社会的ドレスコードも厳しく規制されており、スカーフをまかずに外出する女性は、少数の中華系の人々を除いていなかった。

アチェは、東南アジアにおいて初めてイスラム教が伝わった地である。15世紀頃に現地支配層がイスラム教に改宗するとともに、17世紀初頭には名君イスカンダル・ムダがスマトラのほぼ全域を支配下に置いた。アチェの空港の名称は、この王様に由来している。要するに、アチェは現在の地理的な意味でのインドネシア共和国では西の辺境になるが、歴史的にはこの地が東南アジアの中心地となって人や文物が行き交っていた時期もあるのである。それゆえか、アチェ人のプライドは非常に高く、自己紹介の時に自らをインドネシア人ではなくアチェ人として説明してくれた人も多かった。

既述した戦後のアチェ闘争は、非常に先鋭的なものであり、インドネシア国軍との間で双方に多数の死者を出していた。換言すればこの地は長い間内戦状態であり、外国人との交流はおろか、自由な外出もままならなかった。

この事態を一変させたのがインド洋津波である。

津波の被害は甚大であり、まさにこの地を壊滅させてしまった。それゆえ、アチェ闘争を担っていた勢力は、武装対立を中断し、被災者のレスキューと瓦礫《がれき》の撤去などの作業に力を入れることにした。また、インドネシア国軍の兵士たちも、人命救助や被災者支援に尽力した。さらに、アチェの被害の甚大さを知った国際社会からも救援の手が差し伸べられ、各国政府からの援助の他に、現地には多くの国際NGOが展開することとなった。アチェの人々は、これまで敵だと思ってきたインドネシアの軍人たちに助けられるとともに、多くの外国人ボランティアとも接することとなった。津波は単に内戦を終わらせただけでなく、アチェの人々の世界観も一変させたのである。

この状況は、後述するタイのプーケットなどとは大きく異なっている。プーケットは、もともと繁栄していた観光地であり、津波が去った後は元の状態への復旧、そして災害発生前と比べてより高い次元での再生を目指す復興へと向かえばよいのだが、バンダアチェの場合は被災前が内戦状態の都市であったがゆえ、「元に戻す」というよりも全く新しい視点から都市を作らなければならなかったのである。

結果論であるが、津波という巨大災害がこの地の内戦を終結させ、現在のアチェの繁栄を導いた。したがって、本項冒頭部分で記した「こんなに立派に復興されて、素晴らしいと思います」という言葉は、あまり真実を表していないことになる。

私は津波から8年ほど経過したバンダアチェを訪問したが、現地の人の指摘を受けない限りは、内戦の痕跡を見つけることも難しい。この8年の間に、アチェの人々、インドネシア政府、そして国際援助がこの街を新たに作り上げたと見てよいであろう。被災後の街の再生過程において、このような経緯をたどった都市は世界的にあまり例がなく、再生を目指す被災地の社会的一体性を学ぶ上でもこの地を訪れる価値は十分にある。

ツナミ・ミュージアムから始まる観光

バンダアチェの再生過程は前述のとおりであるが、現地に着いたら一体どのように回ればよいのだろうか。

バンダアチェへの観光入り込み客数は増えているが、まだ観光地として〝擦れていない〟ので、いわゆるボッタクリに遭う可能性はあまりない。バイクにサイドカーがついたベチャという乗り物も、ベトナムのシクロやインドのリキシャのように高額の請求をされるというトラブルは現在までのところ聞いたことがない。もちろん乗る前に料金交渉は必要であるが、滞在中に数十回使ったものの、ホテルのフロントで聞いた相場からかけ離れた額が提示されるということはなかった。基本的には、市内はこの乗り物で移動することになる。

移動には地図も必要だ。ホテルで観光マップをもらえればよいのだが、切らしているところも多く、その場合はベチャの運転手に「ツナミ・ミュージアム」（津波博物館）と言えば、市の中心施設であるアチェ津波博物館に連れて行ってくれる。バンダアチェ観光は、まずはここから始まる。私はここのチケット売り場で市内観光の地図をもらった。

津波博物館は立派な建物であるし、多くの来訪者で賑わっている。ただ、日本の災害博物館を一つでも訪れたことのある人であれば、博物館の様相はかなり異なっていることに気づく。日本の災害博物館は、亡くなられた方への鎮魂に加え、災害からの教訓の抽出と復興の達成に関する展示が中心をなしている。バンダアチェの津波博物館は、死者への悼みを捧げる点では日本と共通しているが、この博物館を見学しても、あまり教訓めいた展示はない。津波発生時の各種ジオラマや復興過程における現地の状況に関する写真パネルはあるが、日本の災害博物館にあるような「コミュニティの再生の力強さ」といった論点は強調されていないのである。これは、先述のとおり、被災前の現地社会が内戦状態にあったことに起因しており、津波の襲来を受けた後は、ゼロから地域を構築していったからであろうと推察される。では、この博物館を訪れる価

津波で打ち上げられた洋上発電所は観光名所になっている

津波で打ち上げられた難破船

値が乏しいかと言えば、そんなことは全くない。ここで津波災害の全体像をつかんでから街を歩けば、被災前と比べて街がどのように変化したのかを体感することができるし、街歩きを経験した後でこの博物館に関して思いを巡らせれば、後述するように日本の博物館とは異なるこの博物館が持つ意味がはっきりとわかるようになる。

さて、津波博物館を出た後は、徒歩でモスクに向かってみたい。こちらのバイテゥラマングランドモスクは、東南アジア一美しいと言われており、現地アチェの人々の信仰の深さを知ることができる。そして、津波で打ち上げられた洋上発電所の見学に行こう。この洋上発電所は、津波発生以前は普通に使われていたものであるが、復興過程において多くの人々を惹きつける観光資源（tourism attraction）として認知されるに至った。最上部に上るとバンダアチェの全景を捉えることができ、記念写真を撮る人が後を絶たない。いきおい、土産物屋や飲食の屋台が列をなし、大きな賑わいを見せている。次に、べチャを使って住宅ない光景である。

街に打ち上げられた船を訪れたい。住宅街に突如現れた難破船は、この世のものとは思え

アチェのツナミツーリズムへ

ここまで見たところで、一応観光の目玉はすべて回ったこととなる。ただ読者は、軽い違和感を覚えたかもしれない。違和感の正体は、「あれだけ甚大な被害を出した被災地であるのに、壊れた発電所や船で集客を図ろうとするのは不謹慎ではないのか」という素朴な疑問であろう。この問いは、津波博物館がなぜ教訓の承継などの教育効果が弱いのかという論点とも関係してくる。

実は、津波博物館の元館長であるラマダニ氏は、オーストラリアのビクトリア大学において観光学で修士号を取得した地域開発のプロである。日本で災害が生じた場合、復興関連の委員会に観光関係者が招かれることは稀であるが、アチェの再生についてはかなり早い段階からラマダニ氏が関わり、観光を地域開発の柱に位置づけている。そして、彼の構想は単に誘客の数を上げればよいという次元の低い話ではなく、〝ツナミツーリズム〟を通じて、インドネシアの他地域の人々や外国人にアチェの本質的魅力を知ってもらい、訪

問客をリピーター化するとともに、それをテコにしてアチェを人や文化の交流点にしたいという青写真を描いている。

前述のとおり、被災以前のアチェは、外国人はもちろんのことインドネシア人にとっても、紛争地であったゆえにその内実はよく知られていなかった。「どこか怖いところ」というのが、率直な感想であったらしい。津波の被害を観光資源として観光客を呼び込むのは、まず第一ステップである。実際、筆者も被災地調査を第一目的としてアチェを訪れてみたが、再びここを訪れてみたいという衝動に駆られている。その理由はいくつかあり、独自のイスラム文化は非常に新鮮に感じられるし、アチェコーヒーの深い味わいは現地の気候と相俟って、飲む者に感銘を与える。現地に行ってわかったことであるが、太平洋戦争中に日本軍が設置したトーチカも海岸には残存し、日本人にとっては戦跡を訪れるという旅も楽しめる。筆者自身は嗜《たしな》まないが、ダイビングの愛好者にとってはここの海は非常に素晴らしいスポットらしく、アチェ行きの飛行機で隣り合わせたオーストラリア人は海の魅力を熱心に語ってくれた。そして何より、外国人が自由に入れるようになった現在のバンダアチェには、この地の魅力を訪れる人に知ってもらい、二度と内戦の惨禍を起こしたくないという現地の人々の熱いホスピタリティマインドが感じられる。

こうした現地の魅力を深く感じる中で、被災経験を持つ地域の人々との日常における交流や何気なく存在する墓地等の施設の存在を認知することによって、哀悼の念は自然発生的に湧き上がることが期待される。

また、ラマダニ氏の〝ツナミツーリズム〟の考え方は、津波災害の被災体験を持つ者が一人でも多くこの地を訪れ、被災者の連帯がこの地を核にして実現できないかという構想とつながっている。その連帯のための施設として、博物館をハブ化して活用する可能性が探られつつある。

旧日本軍のトーチカ

こうして考えると、津波災害が持つ社会的意味合いが日本やプーケットと全く異なることがわかる。社会における津波の位置づけは、良いとか悪いとかいうものではなく、それぞれの文化や文明の特質によって当然変化することになる。つまり、バンダアチェを訪れることによって気づいてほしいのは、被災社会の実相が地域や国によって異なるということであり、また復興への道のりも地域ごとに別個のモデルが併存するという極めて当然の理である。災害大国である日本に住む私たちは、災害復興の道筋に対して「こうでなければならない」という固定観念を持ちがちであるが、それが先進国の驕《おご》りになりうることも意識しておいたほうがいいだろう。

プーケットの慰霊碑

プーケットとの比較

プーケットは、社会の内実がバンダアチェとは全く異なっている。インド洋津波については、プーケットでも8000人以上の死者・行方不明者が出ているが、その3分の1弱はクリスマス休暇を楽しむ外国人観光客であった。また、観光客以外の被災者も、東南アジア屈指のリゾート地であるプーケットで稼ぐことを目的とした非定住型の労働者が多かった。したがって、もともとその土地に強い思い入れを持った被災者があまりいないため、復興への覚悟も他の被災地とは当然異なったものになる。

そもそも、リゾートとして成り立っている地であるため、「津波の悲劇を忘れない」ということになってしまうと、再び津波が来るのではないかという懸念がヨーロッパで広まることとなり、マーケティング上は得策ではない。むしろ、観光政策としては、津波が来たことを早く忘れ、津波を思い起こさせるような施設を作らないほうが妥当性を有する。

被災地の内実は多様

今回の旅は、一見不謹慎に思われる観光施設が、実は様々なポテンシャルを持つことを理解するとともに、〝被災地〟と呼ばれる地域の内実が多種多様であることを発見する旅でもあった。特に、何らかの被災体験を持つ読者は積極的にこちらを訪れてほしい。他の被災地を訪れることで、自己の被災体験が相対化され、より客観的な分析が可能になる。このような旅は、次世代に伝えるべき災害情報の選別という意味でも有用な営為であると言えよう。

旅のテクニック

●航空チケット

アチェは日本で入手できる通常のガイドブックでは紹介されていないため、行くのが非常に困難に思われるが、実は、日本からのアクセスはかなり良い。日本からクアラルンプール行きの航空機に乗り、クアラルンプールでさらにアチェ行きの航空機に乗り換えれば、そこはもうイスカンダル・ムダ空港だ。クアラルンプールからアチェ行きの飛行機はエアアジアと呼ばれるLCCが担っており、チケット代は安い。また、東京・大阪からクアラルンプールまでも、このエアアジアが就航しているため、日本からエアアジアを使う場合は、同じターミナルで乗り換えることになり、気が楽になる。

JALやマレーシア航空というフルサービスキャリア（伝統的な大手の航空会社）でマレーシアに入ることも可能である。特にマレーシア航空は大型の機材を近年大量に発注したので、航空運賃が下がってきている。

以上は、アチェへの行き方のほんの一例であり、旅慣れた人であれば、この他いろいろな方法でアチェにアクセスできる。WEBを使って可能性を探っていただきたい。

●両替

通常インドネシアに入国する場合、港や空港でアライバルビザを取得することになるが、これは米ドルで25ドルほどかかる。ドルがないと、港や空港の非常に悪いレートで日本円からドルに両替することになるので、少なくともビザ取得のためのお金は日本から持っていったほうがよい。

またジャカルタやバリであれば、日本円からルピアへの両替も容易であるが、アチェの場合、日本円の両替はやはりレートが悪いので、日本出国時にある程度のドルを持っていったほうが安心である。クレジットカードの通用度はまだ低いので、頼みは米ドルである。ドルが基軸通貨であることを納得する旅でもある。

第九章

日本型レッドツーリズムの可能性

——韓国・ベトナム

い。

レッドツーリズムとは何か

ダークツーリズムですら、最近になって日本にやっと広まり始めた言葉であるので、〝レッドツーリズム〟に至っては、ほとんどの日本人が聞いたことのない概念かもしれない。

〝レッドツーリズム〟（紅色旅游）とは、２００４（平成16）年から中華人民共和国で提唱された観光の新概念で、端的に述べれば、「共産主義の歴史を理解するための共産党が勧める旅」ということになる。具体的には、毛沢東ゆかりの井岡山《せいこうざん》や日本軍による南京虐殺関連史跡などを訪ねる旅を指す。

中国でも、ダークツーリズム（黒色旅游）という言葉は、日本と同様に普及が立ち遅れていたが、一般に日中戦争の戦跡として認識されるような場所は、ダークツーリズムエリアであると同時にレッドツーリズムの対象にもなっている。このため共産党がことさら強調するレッドツーリズムという言葉が広まり、ダークツーリズム概念の普及が遅れたと考えられる。

さて、20世紀の世界をどのように分析すべきかという論点を考えた時、コミュニズム

（共産主義）の視点は、避けて通れないのではないだろうか。つまり、私たちが現代社会を考える際には、20世紀にいわゆる左派勢力が果たした役割について、各自が自分なりの総括をしておくことが重要ではないかと考える。その総括の手段は、文献講読でもよいし、人によっては対面でインタビューをするというのもあるかもしれない。ただ、ここでは、観光学の論考であるという前提に立ち、社会主義や共産主義の定義自体には深く立ち入らないことにする。

本章では、日本でいうところの、いわゆる〝左派〟が対象となるのだが、この左派には単に社会主義・共産主義だけでなく、リベラル派も含めて考えることにする。これは、かつての民主党勢力の中に、旧社会党や労働運動の流れを汲む者が相当数いることと、自民党の中にもハト派と呼ばれる勢力が存在し、こうした政治信条を持つ人々の間にある種の連帯感《シンパシー》があることを踏まえたからである。今回は、問題意識の対象であるコミュニズムに対してやはり〝観光〟によって迫ってみたい。

観光の語義については、これまでに確定的なものは存在していないが、対象の外部で生活する旅人が、その地にない価値観で対象に接近し、解釈を与えることは、観光の持つ一つの本質的な意義である。この意味では、観光は〝接近の方法〟として定義されよう。中国共産党が勧めるレッドツーリズム以外に、20世紀におけるマルキシズムなどより広く左派勢力について問い直すための独自のレッドツーリズムを経験することは、大変意義深い営為となるかもしれない。

旅を通して観る〝サヨク〟

現在、日本の左派勢力は、〝ブサヨ〟などと言われ、元気がなくなっている。この言葉の意味するところは「ブサイクなサヨク」であり、特に民主党政権中盤期以降、我が国がガタガタになってしまったことから、左派勢力への信頼感が根本から揺らいでしまった。2012（平成24）年の総選挙、2013（平成25）年の参議院選挙で民主党は壊滅状態となり、左派勢力に属していた人々の中にも自信喪失ともいうべき状況が広がっていった。保守・右派勢力は、ここぞとばかりに左派に嘲笑を浴びせているが、前世紀の歴史を振り返った時、左派勢力は決して意味のない存在だったわけではなく、ある時期、確実に社会の中で大きな役割を果たしていた。

今回の旅の提案を通して、若い人々には、20世紀後半におけるアジアの安定のために日本の左派勢力が果たした役割に客観的な考察を試みることを期待したい。また、可能であれば、戦後の左派勢力の凋落《ちょうらく》に心を痛め、若かった頃の活動の意義を見失いかねない状況にある団塊世代の方にも、旅を通じて半生の省察とアイデンティティの回復を図っていただきたいと考えている。それでは、旅に出てみよう。

虐殺の地、済州島

旅の初めは、済州島に行ってみる。済州島は、いわゆる一般的な意味での〝観光〟のために開発されたので、景色のいいビーチリゾートが広がり、〝韓国のハワイ〟と形容される。この島は、韓国で初めてユネスコの世界自然遺産に登録されたエリアを有し、エコツーリズム愛好者からも人気がある。一方でここは、いわゆる〝済州島４・３事件〟と呼ばれる虐殺が起こった地であり、ダークツーリズムポイントとしては外せない場所でもある。

第二次世界大戦の終わり頃、朝鮮の独立運動は共産主義者と愛国主義の民族派の二系統が存在していた。朝鮮半島の解放は、日本の敗戦によってもたらされたものであるが、その後、事実上アメリカの支配下に入った38度線以南では、激烈な〝赤狩り〟(共産主義者の摘発)が行われた。

同じ頃に、済州島が〝赤の巣窟〟であるという風説が広まり、済州島では、李承晩による虐殺が展開された。この虐殺は長期にわたったが、島民の政治闘争決起の日をとって〝4・3事件〟と呼ばれている。殺された人々の中にはほとんど共産主義者と関わりを持たなかった者も多く含まれている。

今回の旅のテーマである日本型レッドツーリズムとのつながりであるが、この4・3事件に相前後して、済州島から逃れてきた人々が大阪や九州に定住し、日本のコリアン社会の一部を形成するとともに、日本の左派勢力は彼らの生活が立ち行くように様々な援助を行った。済州島では、その後の長い軍事独裁政権下において、4・3事件についてを語ることはタブーであり、今でも韓国社会には「4・3事件に関わった家は、三代就職がない」という言い回しがあるほどである。

この悲しみの記憶は、韓国では表に出すことができず、長いこと日本の在日社会とその支援者の間で承継されていった。1980年代後半に民主化が成功してからやっとこの事件が公に語られるようになり、虐殺の全貌が明らかにされつつある。つまり、韓国の軍事独裁の非道を後世に伝え、その残虐性を明らかにしたのは、実は日本の左派の力によるところが大きいことに留意していただきたい。済州島の観光については、こうした歴史を踏まえ、済州4・3平和記念館を中心に回るとよいであろう。交通の便は悪く、事実上タクシーを使うしかないが、行くだけの価値のある場所である。済州島は見どころが色々とあり、ダークツーリズム以外にも時間をとってのんびりしてみたい。ひと通り見終わったら、次は空路でソウルの金浦空港に向かってみる。

済州4・3平和記念館

ソウル西大門刑務所へ

ソウルに入ったら、ダークツーリズムポイントとして西大門刑務所跡を訪れてみたい。地下鉄3号線の独立門駅を出てすぐのところにあるので、アクセスも容易だ。西大門刑務所は、もともとは大日本帝国が設置した行刑施設であり、日本の統治時代は独立運動に関わった政治犯が数多く収容されていた。

若干脇道にそれるが、実は、韓国は、日本よりも相当早くダークツーリズム概念が浸透した。それは、ダークツーリズムという方法論が、日本の侵略性をプロパガンダするために非常に使い勝手が良かったからであり、権力側はこの新しい観光概念に期待を寄せた。しかし、韓国のダークツーリズムは、それほど権力側に都合のいい形では発達しなかった。第二次世界大戦終結以降、軍事独裁の下で拷問を受けたり、死に追いやられたりした人々がかなりの数に上り、日本の蛮行だけでなく、こうした韓国社会の負の歴史も受け継いでいくべきだという世論が広まったからである。

この西大門刑務所跡が博物館として整備された当初は、あくまで大日本帝国の統治の過酷さを示す場として活用されるはずであったが、ここは日本の官憲による暴虐の場であっただけでなく、戦後は韓国政府によるかなり残虐な拷問も行われた。拷問の対象は、民主化闘争に加わった人々であるが、そこには共産主義勢力との一定の重なりがあり、問題をややこしくしている。

韓国は、北朝鮮との関係もあり、現在に至るまで共産主義を認めていないが、先述の独立運動に関わった勢力の一部を形成していた共産主義者の名誉をいかに扱うかという難しい宿題もいまだに消化できていない。また、現在の韓国社会の中核には民主化闘争に参加したインテリ層がかなりおり、彼らの中にはこちらの刑務所で拷問を受けた経験を持つ者もいる。筆者の知人の大学関係者の中にも、「韓国の男だったら、民主化闘争で刑務所に入った経験がないと一人前ではない」などという話をする人がいた。こうした人々は、政府主導の西大門刑務所の展示には疑念を抱いていたようである。

西大門刑務所の様子

当初、こちらの施設は反日一色であったものの、現在は、展示に手が加えられ、幅広く人権の重要性を学べるように工夫されつつある。第五章では、ハンセン病問題を論点として取り上げたが、実は西大門刑務所にも、ハンセン病患者のための特別房が存在しており、こちらも見学可能となっている。ここを訪れることで、人権や民主主義について多面的に考えるきっかけを得ることができる。

ソウルにはたくさんの見どころがあるが、今回はダークツーリズムの旅なので、次の目的地である光州に移ろう。

〝民主主義の聖地〟光州

飛行機なら、ソウル郊外の金浦空港から1時間弱、バスならソウル市街地から4時間程度で光州に入れる。

光州は、しばしば〝民主主義の聖地〟という言い方をされる。もともと反権力志向が強かったところであるといわれているが、後に大統領となる金大中もこの地の出身であり、戦後長期にわたって民主化運動を指導していた。

韓国は1948（昭和23）年の建国以降、基本的には軍事独裁政権であり、民主化闘争は何度も繰り返されている。1980（昭和55）年に起きた闘争は特に大きなものであり、前述の金大中の身柄拘束から断続的に生じた当局と学生の小競り合いが大規模な騒乱に拡大していった。多数の人命が失われた韓国現代史における大事件であり、一般にこの衝突が〝光州事件〟（韓国名、5・18民主化運動）と呼ばれている。死者・行方不明者の数は、論者や典拠によって幅があるが、ここでは5・18記念財団の英語版WEBサイトに従って、死者154名、行方不明者74名という数をあげておく（http://eng.518.org/sub.php?PID=0201 2018年4月5日現在）。

筆者は修士課程の専攻が憲法であったということもあり、民主主義の発展過程については以前より多大な関心を抱いていた。光州は、現代史において、日本から最も近い大規模民主化闘争の場である。

光州のバスセンターには観光案内所があり、カウンターで「光州事件関係の史跡を回りたい」と英語で述べると、「日本語の話せる者がいるからちょっと待ってて」と言われ、奥から50歳前後のおばさんが現れた。彼女は、白地図のようなものに、「ここは初めて発砲があったところ、ここが大規模衝突のあったところ、ここが最後まで学生が立て籠もったところ……」などという感じで、次々と印をつけていった。この世代の光州の人々にとっては、事件はアイデンティティを構成しているのだなと思いつつ、書き込まれた地図と観光パンフレットをもらってバスターミナルを後にする。

光州事件関連の史跡は、市内に数多くあるが、街はそれほど広くはないので、インターネットで入念に下調べをすれば、2泊3日でほとんど回れる。

必ず訪れておくべき場所は、国立5・18民主墓地と5・18自由公園の2カ所である。もちろんこの2つ以外にも、関連史跡はあるのだが、騒乱当時と建物の性格も街の様相も変化しているため、その前に佇んでみてもなかなか状況を想起することは難しい。例えば、市中心部のYMCAの周辺は、学生と当局の激しい衝突が繰り広げられたとされているが、現在は市民が日常生活を送っており、観光案内所で提供してくれた資料を見ながら「多分そういうものだったのだろうな」という感慨に浸るくらいであろう。

また、市内各所にモニュメントが点在しており、これは市民にとっての心の拠り所としての性格が強い。ツーリストにとっては大きく魂を揺さぶられることはないかもしれない。

国立5・18民主墓地は、バスでも行けることは行けるが、不便な場所にあり、またバスの本数も少ないため、タクシーを使うことを勧める。広大な墓地には、追慕館と名づけられた展示施設があり、事件の全貌を概観できるように工夫されている。もちろん日本語資料も豊富にあり、事前に予約するかもしくはタイミングが合えば、日本語でのガイドも受けられる。映像資料も充実しており、生まれたばかりの子供がいたため、闘争に参加するべきか迷った当時の若者が年月を経て、「子供のために民主主義を勝ち取らなければならないと思って参加しました」と厳かに答えていた映像は筆者の胸を打った。

5・18自由公園は、街中に位置してはいるものの、空港寄りのところにあるので、空路で移動するついでに立ち寄ると便利であろう。ここには、光州事件の関係者が逮捕された後に開かれた軍事法廷や拘置施設が残されている。拘置施設と言っても、そこでは残虐な拷問が繰り返されており、これを目の当たりにすると一段と軍事独裁の危険性をひしひしと感じ取れる。私がこの場を訪れた時は、80歳を超えたおばあさんが番をしており、当然この世代の方であるから日本語が達者であった。「あんた、どっから来なさった」と質問されたので、「大阪です」と答えたら、「大阪！　橋下は一体何を考えとるんだ」と、当時の大阪市長に対する罵倒を一対一で30分以上聞かされた。

光州事件の軍事法廷があったバラックのすぐそばまで高層アパートが迫っている。後ろ姿は、本文中にも登場したおばあさん

それはさておき、この施設は、光州事件直後、権力側によって隠蔽されかかったという歴史を持つ。光州事件の早期収拾を図った全斗煥は、騒乱を思い起こさせるような地域の負の記憶を消し去ろうと、

近代的な高層アパート群をこの地に建てて、軍事法廷や拘置施設をなかったものにしてしまいかねなかった。この状況に敢然と立ち向かったのは、地元の人々であり、高層アパートの拡張によって軍事法廷や拘置施設が呑み込まれかねない状況が生まれてくると、彼らは身を挺《てい》して光州事件の関連施設を守ったのである。これは、地域が必死になって悲しみの記憶を残さなければ、負の記憶は権力者によってすぐに消し去られてしまいかねないという問題点を如実に表している。写真を見ていただくとわかるかと思うが、軍事法廷として使われていたバラックの目と鼻の先まで、高層アパート群は迫っていたのである。都合の悪い記憶を消し去ろうとする権力側に対し、被害の記憶を承継しようとする側は大変な努力をしなければ、その悲しみを伝えられないのだということを示す事例としてしっかりと見ておきたい。

民主主義が観光資源

光州事件は、軍事政権下では単に〝暴動〟として扱われていたが、民主化後に年月を経て、金泳三政権に至った時に、「光州事件は民主化のための義挙である」と事件の再定義がなされ、関係者の名誉回復が行われた。

このように、光州は民主主義そのものが観光資源になっている。ダイヤモンド社の『地球の歩き方　韓国』では、光州はあまり見るところがないなどと書かれているが、そんなことは全くなく、ほんの40年ほど前にこの地で、命をかけて民主主義が希求されたことを体感できる。

では、本章のテーマである日本型レッドツーリズムと当該事件にどんな関わりがあるかと言えば、実は光州事件の時に目をつけられ、官憲に捕まると身が危ないとされた学生たちは、かなり多くが日本に逃れている。その際、大学関係者や今で言うところのNPO的な活動をしていた市民団体が、傷ついた大学生を迎え入れ、日本で勉強できるような配慮をした。要するに、彼らは、アメリカには行かず、当時太いパイプのあった日本のいわゆる〝左派〟の招きで留学し、まさにこの日本で民主主義の重要性を学び、再び母国の民主化に関わっていったのである。

民主化完了後、この追われた韓国人の留学を世話した人々の中に、大韓民国政府から勲章をもらったり、表彰をされる人が出てくる。204ページの写真の「マダン」という店は、新大阪駅にほど近いホルモン焼きの大衆店であるが、ここの先代の店主は、まさに日本に命からがら逃げ延びた学生たちの世話をし、金大中政権になって、叙勲を受けた人物

焼き肉屋「マダン」の入り口

である。店内には光州事件当時の様子を描いた版画も飾られ、往時を偲ばせる。韓国人にとって、自力で民主主義をもぎ取ったことは、アイデンティティの根幹であるが、民主化勢力を形成した人々の中に、日本社会との強い連帯を感じている人々もまだまだたくさんいることは留意しておくべきであろう。

〝反日〟と呼ばれる韓国も決して一枚岩ではなく、日本との連携や連帯を探る動きがあることも覚えておきたい。

ホーチミンに向かう

日本型レッドツーリズムについて考える今回の旅では、ソウル郊外の仁川国際空港に移動し、次なる旅先としてベトナムのホーチミンを目指すことにしたい。韓国のエアラインである大韓航空なり、アシアナ航空なりを利用した場合、日本から韓国とベトナムを結ぶ航空券を通しで買える。この仕組みについては、末尾の「旅のテクニック」を参照してほしい。

ベトナムは、フランスとのインドシナ戦争およびアメリカとのベトナム戦争に縁《ゆかり》のある地が多いので、ダークツーリズムの対象となることにはあまり疑問はないかと思う。北部のハノイは、歴史的建造物も多い同国の首都であり、見どころもたくさんある。南部のホーチミンは、経済規模こそベトナム随一ではあるが、歴史がそれほど古くないため、観光名所はあまりない。ただし、ベトコン（南ベトナム解放民族戦線）がアメリカ軍を悩ませた地下トンネルを体験できるクチと戦争証跡博物館（戦争考証博物館という訳もあり）の2カ所はぜひ押さえておきたい。

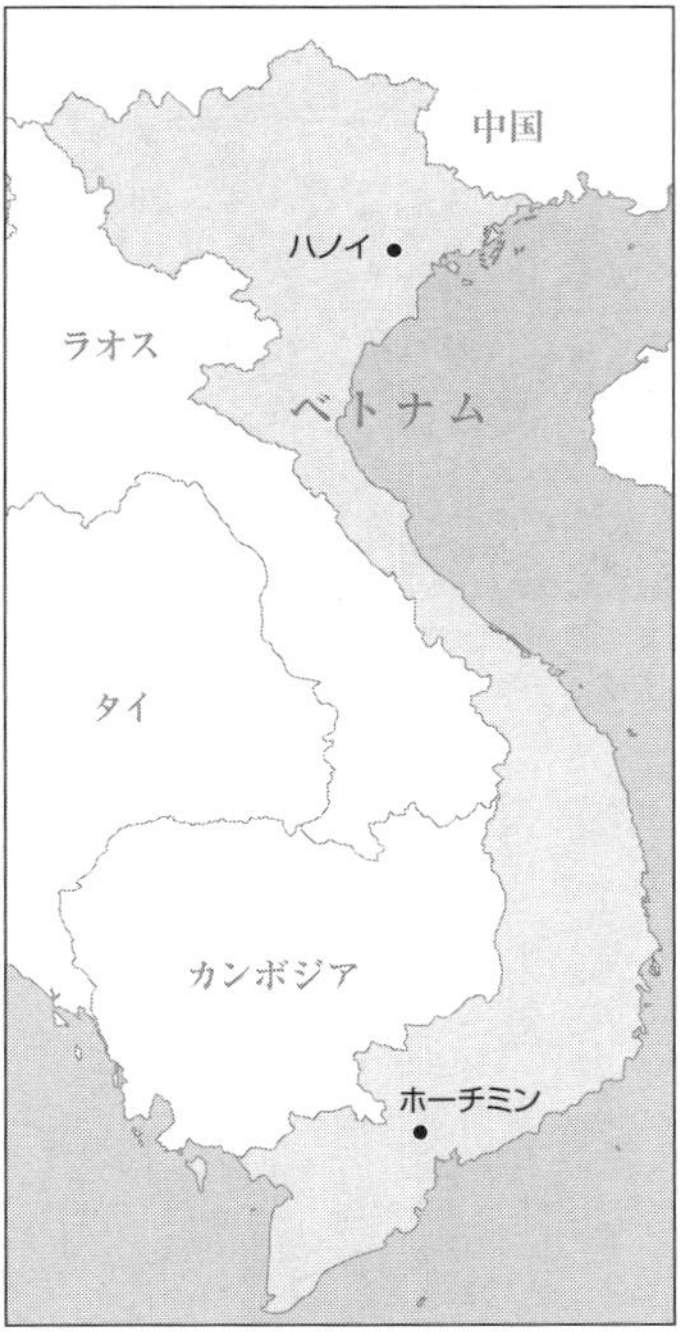

クチは、蟻の巣穴のようにベトナム人が地下に張り巡らした坑道があり、アメリカ人の体の大きさではとてもそこに入ることはできない。薄暗いジャングルの中を進む米軍を、四方八方

「世界的な反戦の連帯」として、日本の新聞雑誌が紹介されているが、実際は左派勢力の出版物が多い

から攻撃し、すぐにトンネルにもぐって逃げるという状況を体感できるので、ぜひこちらのツアーには参加したい。

　もう一つの、戦争証跡博物館は、ベトナム戦争における米軍の残虐行為を断罪するためだけの施設ではない。ベトナムをメディアがどのように伝え、世界でどのような連帯が生じたのかという点にまで言及した展示となっている。

　ベトナムからアメリカが撤退した理由は、ベトナムが強かったからであるが、アメリカも含めた世界的な反戦の輪が広がったことも大きい。こちらの博物館では、〝日本でもベトナム反戦運動が高まった〟という趣旨で、日本の雑誌や新聞を切り抜いたパネルが展示されているが、そのほとんどは、共産党、民青、そして労組というまさに左派中の左派の印刷物であり、見学している側としても、もう少し中道のメディアを選んだほうがいいのではというアドバイスをしたくもなってくる。ただ、ここで強調しておきたいのは、戦後のある時期、左派の主張が決して荒唐無稽だったわけではなく、国際政治を動かし、世界的な連帯を作っていたという事実である。日本の左派勢力は、単にベトナムからアメリカを撤退させることに成功しただけではなく、その後もベトナムに援助を与え、交流を続けた。ベトナムは、さらにドイモイと呼ばれる経済政策により資本主義を一部取り入れるとともに、日本と友好を保ち続けているが、世界史上唯一アメリカとの戦争に勝ち抜いた国は、日本の左派勢力の力を借りつつ国造りを行ってきたのである。ベトナムの現在の繁栄を見た時、そこにある時期の日本の左派勢力の輝きを感じ取ることができるかもしれない。

戦争証跡博物館における帝国主義の展示

さて、今回、韓国からベトナムへの経路で旅を提案したのは、もう一つの伏線があったからである。実は、ベトナム戦争時に、ベトコンを悩ませたのは、米軍の〝手先〟として派遣された韓国軍の存在であった。ベトナム戦争当時の韓国は、ロクな輸出品もなく、アメリカからの要請に応じて〝兵力〟を輸出することで、アメリカから様々な利益を享受した。ロサンゼルスに世界最大のコリアンタウンがあるのも、ベトナム戦争に協力した韓国に対して移民枠が供与された結果である。体が小さく手先の器用な韓国兵は、アメリカ軍のまさに先兵として特に危険なエリアを率先して歩かされた。

この旅の時期、橋下元大阪市長が声高に主張した「韓国だって、ベトナム戦争でひどいことをしているじゃないか」という言葉がメディアを賑わせた。これは、具体的には韓国軍によるベトナム人女性に対する暴行・強姦を指し、この結果として生まれた子供はライダイハンと言われ、現実に社会差別があることが報告されている。

ところが、ベトナム政府は、韓国政府に対して、公にはライダイハン問題に関して謝罪と賠償を請求していない。これはどういうわけなのだろうか。国際関係論の研究者からは、ベトナムが国益を優先して韓国との宥和《ゆうわ》政策を優先させているという見解も呈されているが、筆者が思うに、話はそう単純ではないように感じられる。

戦争証跡博物館の3階に上がってみると、考察の糸口が見つかるであろう。というのも、3階の展示では、戦後のアメリカ兵の人生についても扱っており、そこには深いヒューマニズムが窺える。具体的には、米軍が使用したDDTを含んだ枯葉剤は、味方のアメリカ兵の健康にも当然のことながら害を与えてしまい、その後ガンを発症したり、帰国後に生まれた子供に障害が現れるなどの影響が出たことがレポートされている。

ここでは、国家の命令の下、ベトナムに従軍せざるを得なかった米兵も、また被害者ではないかという観点から戦争が描かれている。換言すれば、ベトナムは欧米の植民地主義や帝国主義といったものは厳しく断罪するけれども、そこに巻き込まれてしまった一般人には深い慈愛の眼差しを注いでいるのである。韓国軍に関しては、ほとんど言及がないが、アメリカの意向により派兵せざるを得なかった韓国、および従軍した韓国人に対する怒りではなく、このような戦いを生み出してしまった帝国主義という国家のシステムを怒りの対象としているように感じられてならない。ベトナムは、人を憎むのではなく、より高い次元に怒りを昇華させていると考えることもできる。他方、韓国側は、ベトナムでの蛮行を全く反省しておらず、ソウルの戦争記念館では、ベトナムでの活動も賞賛されている。ベトナムへの派兵は、平和目的という言葉では説明がつきにくく、韓国はベトナム戦争における自軍の行動を検証する必要があろう。

今回の旅を通じて、現代では全くもってその存在意義が疑われつつある日本の左派勢力が、ある時期、アジア社会において非常に意味のある役割を担っていたことに気づいていただければありがたい。おそらく、このままでは先細りのリベラル系の政治勢力であるが、再生の糸口を見つける旅であってほしい。

旅のテクニック

2カ国を回る場合、経由地の航空会社を使うと、ストップオーバー（途中降機）ができる場合がある。今回の例で言えば、韓国とベトナムを回りたいという旅程を立てた場合、大韓航空を使うと、韓国で乗り換えることになるが、この乗り換えの際に韓国旅行を楽しんでしまおうというのがストップオーバーの考え方である。

もう一つの旅のテクニックとしてはオープンジョーという制度がある。これは、行きはハノイで降りて、ホーチミンから帰ってくるような乗り方を指す。ハノイとホーチミンの間は、鉄道なりバスなり現地LCCなり、自分で移動方法を考えることになる。

今回の場合、成田↓済州島で降機↓オープンジョーで金浦空港へ行きソウルや光州を観光↓仁川空港↓ハノイ到着後、オープンジョーでホーチミン↓仁川空港でストップオーバーして周辺を散策↓最後に成田（でなくとも日本の地方都市でもよい）という旅程を組める。傍線部分は別途手配することになるが、それ以外の移動は一回の予約で発券できる。

日本に帰ってくる先を、鹿児島空港や熊本空港にして、福岡からLCCを使うことにすれば、別章で紹介した九州西部の旅も一挙に楽しめることになり、お得感が増す。ストップオーバーもオープンジョーも、それができる航空券とできない航空券があり、電話で航空会社か旅行代理店に問い合わせることになる。ただ、一回やり方を覚えてしまえば、非常に安くチケットを手配できることになるので、ぜひともマスターしてもらいたいテクニックである。

また、韓国国内線はＬＣＣが発達しており、バスより安い場合もある。空席を調べるには、skyscanner（https://www.skyscanner.jp/）というサイトが便利である。

東南アジア内の移動は、飛行機を使ってもよいが、実は国際バスも発達している。ベトナムのホーチミンと「キリングフィールド」で有名なカンボジアのプノンペンはバスで移動可能であり、余力があればここまで足を延ばすことも検討課題に入るであろう。

筆者は、今回紹介したダークツーリズムポイントについては、実はそれぞれ別の機会に訪れた。モデルコースは、「時間には余裕があるがお金はあまりない」という若い人向けの提案である。

第一〇章　ダークツーリズムのこれから

東日本大震災とダークツーリズム

さて、私の旅路は一旦ここで終わりを迎える。

「はじめに」では、私がダークツーリズムという言葉にいかにして出会ったかという点について述べたが、実は私のダークツーリズムに関する考え方も研究を始めた6年前とはかなり変容したことも告白しておく。

ダークツーリズムという言葉を知るかなり前から、私は災害復興については関わりを持っていた。それは博士論文の副査を、当時京都大学防災研究所の林春男教授が引き受けてくださったことに由来しており、それが縁で先生のテーマである災害対応の一部を分担して研究することになったからである。具体的には、阪神・淡路大震災後の神戸が主な対象となっていたが、もともと私の博士論文は、IT政策をテーマにしたものであり、その中に災害情報を考える章があったため、こうした巡り合わせに恵まれたわけである。被災地の復興は、社会学・心理学・建築学・経済学などなど色々な学問分野が手を組まねばならず、鳥瞰的な対応が必要であることも理解するようになった。

一方、観光研究は、全く別ルートから趣味のようにやっていた。大学に職を得た21世紀の初め頃は、まだ時間的にも恵まれていたので、出張先において自腹でもう1泊して旅を楽しんだりしていたが、この営みをもう少し学問的に掘り下げようと思い、観光学の研究を始めた。右記のように災害復興に関する知識があったので、災害復興の過程における観光産業の位置づけなどについて、それなりに多くの論考を発表してきた。

その経験を踏まえて、東日本大震災について、観光学とダークツーリズムの観点から言及しておきたい。

悪化する被災地の知的基盤と〝風化〟

阪神・淡路大震災と東日本大震災の相違は多岐にわたるが、前者はインテリ層が多く住む都市がピンポイントで罹災《りさい》したのに対し、後者は元から高齢化や過疎に苦しむ地方が帯状に被災したという特徴を持つ。東日本大震災の復興に関し、「津波の前に戻す」という言い方をされることがあるが、被災地の多くは、津波の前からまさに21世紀の日本社会が直面する少子高齢化や過疎化という問題を抱えていたところが多く、被災前に戻してみても実は問題の本質的解決になっていない。

それゆえ、地域イノベーションなり、ソーシャルイノベーションなりの手法が重要となり、そこでは都市部の知識人を中心に農業や漁業はもちろん、まちづくりやコミュニティ論に関する提言が多くなされた。阪神・淡路大震災では、かなり早い段階から災害の記憶を教訓化しようとする動きが地元住民ベースであったのに対し、東日本大震災に関しては外部からの力で記憶の承継の問題が語られたという点も大きな違いである。こうした提言には、もちろん東浩紀氏が提案する「福島第一原発観光地化計画」や私が唱えるダークツーリズムも含まれているのだが、地元の人にとってあまり耳触りの良くない言葉が出てくると、「被災者に寄り添うべき」とか、「ここに住んでから言え」という話になってしまい、そこから議論が深まることはなかった。

〝反知性主義〟という言葉は、本来高等教育を受けていなくても専門家と伍《ご》してよいという積極的な意味を持っていたが、東北の復興過程においては、この考え方が非常に悪い方向に出てしまったと思っている。「知識人」(ここでは専門家だけでなく、詩人など都市部で文化活動をしている人々程度の意味で使う)は多くの発言をしているが、地元民にとって心地の良いアドバイスは受け入れるものの、それ以外の言説に関しては、「ここに住んでから言え」というマジックワードで拒絶するようになってしまった。この言葉が持つ全能感は強力で、これを言われてしまうと理論的に「当事者とは何か?」という概念を説明しようとしてもなかなか受け入れてもらえず、現地住民と知識人との乖離《かいり》は広がっていった。こういった現象は、ダークツーリズムに固有の問題ではなく、一般的な遺構の保存という論点にも垣間見えることがあった。

例えば、大槌町の旧庁舎は当初遺構として保存される予定だったが、2015（平成27）年の選挙では撤去派の新しい町長が選ばれ、政策の転換がなされた。それに対して、朝日新聞デジタル版2015年11月6日の報道によれば、前町長の治世から設置されていた専門委員会が、遺構保存の重要性について助言を行ったものの、新しい町長は「私は三十数年、役場で仕事してきた。この気持ちが外の人にわかってたまるか」と声を荒らげたとされる。

知識人の持っている知恵は汎用性があり、例えば私が使うダークツーリズムという社会分析の方法は、戦争でも、人身売買でも、ハンセン病問題でも産業遺産についても同じように用いることができる。ダークツーリズム概念は、被災地の復興とともに一般化していったのであるが、実際には被災地以外の場で広く受け入れられ、目の前の社会を認識し、描き出すための新しい手法として賛同者を増やしていった。

今日震災の記憶の風化が語られることがあるが、その背景には都市部知識層と現地住民との乖離が原因の一つになっていると言ってもよいであろう。

このような場面では、本来、政治の力が重要である。学者を含めた知識人は本当に勝手なことをたくさん言うので、その放言に近い情報群から使えるものを取捨選択し、地元の政策に役立てるという途をとるべきなのだが、その媒介者としての役割を果たす政治家は非常に少なかった。

〝復興ツーリズム〟との関係

第一章では、ダークツーリズムという言葉の意味を理論的に考えているが、ここではもう少し実際の問題に即してダークツーリズムという言葉の使用について考えておきたい。「ダークツーリズムという言葉はイメージが悪いから、復興ツーリズムでよいのではないか」という声が、特に観光事業に直接関わる研究者たちから聞かされることも多い。復興の希望ということで〝ホープツーリズム〟がふさわしいとさえ述べる論者もいるほどである。

しかし、こうした議論はダークツーリズムの本来的な意義と離れてしまっている。私自身、当初は復興ツーリズムの一部にダークツーリズムを位置づけられると考えていたのだ

七十七銀行女川支店被災者家族会有志による慰霊碑

が、実際には難しいことがわかってきた。ダークツーリズムの定義は、悲しみの記憶を巡ることであり、その結果として悲しみの承継がなされることが望ましいのであるが、こうした一連のダークツーリズムの役割は復興と直接には結びつかないことがある。

例えば、石巻市の大川小学校では、多くの子供たちが命を落としてしまっており、記憶の承継の場として石巻のオーソライズされた復興ツアーの中に組み込まれていると思うかもしれないが、実際には、大川小学校における死亡事故は教職員の避難誘導ミスが原因であるとして、市と訴訟にまでなってしまい、公が関わる観光コースでは紹介しにくくなってしまった。

また、女川の七十七銀行でも、結果論としてではあるが上司の避難誘導の判断にミスがあったことにより、12名の死者・行方不明者が出てしまった。これに関しても訴訟になったが、銀行の側は責任を認めず、ご遺族は最高裁でも敗訴している。現場には、小さな慰霊碑があるものの、昨今しばしば紹介される女川のショッピングエリアと慰霊の場には直接の連携がない。

このように多くの人が亡くなった場所は、これまた多くの人が訪れ教訓として受け継ぐべきであるが、行政や地元有力企業とコトを構えてしまうと、公はその記憶を消しにかかる。遺構としても保存されなくなるし、街歩きでそうした場所で説明を受けることもほぼない。歴史は権力側によって作られるため、復興ツアーも当局が描く明るく元気な麗しい話で満たされることになり、悲しみの記憶もその大きな枠からはみ出さないものだけが紹介される。地域における弱い立場の人たちの記憶はかき消され、強者による記憶が刻まれていくことになる。

行政や有力企業を断罪するような観光コンテンツは消去されてしまうばかりか、地域にとってまるで「非国民」のような存在になってしまう。こうした復興過程と直接関わらない悲劇の記憶は、エスタブリッシュメントから離れたところで消去されてしまう危険がある。

ヨーロッパで生まれたダークツーリズム概念は、うまく日本に根づけば、地元にとって扱いにくい情報であっても、それを扱うことが一般的になるので、記憶の承継にとって大変有用であるが、第一章で述べたように文化構造の違いもありそのまま日本に持ち込むことは難しい。現状では、公害に関するケースで、本文で言及した水俣などが先進的な取り組みをしており、今後こうした動きが拡大することが望まれる。

また復興ツーリズムは、〝復興〟であるがゆえに、政策的に推進されていくであろうが、ダークツーリズムは復興過程における行政の腐敗や住民間の軋轢《あつれき》といった影も扱うために、復興ツーリズムとはすべてが一致しない概念であるし、「明るく元気な被災地」という考え方とはむしろ相容れない旅の形態であると言ってよい。三陸において嵩上《かさあ》げ工事がされた地域に住んでいた人々の中には、「我々の記憶は、一度目は津波という水で奪われ、二度目は土木工事という土で奪われた」という話をする方もいるが、こうした声は明るく元気な復興ツーリズムでは伝わりにくいのである。

しかし、ここまで述べてきたように、正史では拾いきれない悲しみや教訓は確かに存在し、その記憶を承継していく手法としてダークツーリズムの役割は大きい。メディアが報じない確かな現実がそこにはある。

ダークツーリズムの定義は本書冒頭で述べたように、「悲劇を巡る旅」なので、それゆえ巡る場所としては復興ツーリズムと重なるところがあるが、取り扱う情報に関しては大きな差異が出てくる。換言すれば、両者の重なりは、場所的な位置情報については共有されるものの、概念的な共通項は驚くほど少ないと言える。

したがって、被災地に行くこと自体がダークツーリズムというわけではなく、被災地に行くことがダークツーリズムになることもあれば、ならないこともままある、というのが正しい認識であろう。

このように考えるように至った経緯として、被災者やご遺族から積極的に私へのアクセスや協働を望む声が増えてきたことを理由として挙げておきたい。大川小学校の記憶の承継に関わる方々から、このままでは行政によってかき消されかねない記憶をどのような手法で受け継げばよいのかという相談をいただいたり、女川のご遺族とはともにNHKラジオに出演して復興と記憶の承継に関する談話を寄せたりもした。また大槌町の有志からも遺構の保存に関する質問を何度か受けた。こうした方々が、ダークツーリズムという方法論が持つポテンシャルを感じ始めたということは、今後の記憶の承継のあり方にも変化が生まれてくるのではないかと思われる。

ただし、ダークツーリズムと復興ツーリズムは決して背反事象ではないということも強調しておきたい。これらは車輪の両輪のように、相互に補完しつつ地域の価値を高めることが可能である。大川小学校の記憶は、学校防災について考えるという「ここにしかない価値」を有しているし、そこで思いを巡らせた後に、石巻の市街地に出て石ノ森章太郎の記念館である石ノ森萬画館での展示を楽しみ、最後に石巻焼きそばで締めるという行程をたどることは全く不思議ではない。

女川についても、執筆段階では駅周辺の商業施設と犠牲者の慰霊碑は動線が分断されてしまっているが、企業防災を考える街としての女川の記憶の価値を大切にしながら、漁港ならではの買い物を経験するということもあってよい。ダークツーリズムと復興ツーリズムの両立は、悲しみも喜びも含めた様々な記憶が地域を作っているという当然の構造を再度気づかせてくれる。

防災教育と死生観

防災学者の中で、防災教育を重視する人たちの中には、「死」を直接のテーマとして扱うダークツーリズムに期待を寄せてくれる人もいる。ただ、防災教育とダークツーリズムは矛盾しないものの、同心円上に存在するわけでもない。

防災教育の目的は、取りも直さず「命が助かること」であるが、ダークツーリズムの場合、人の死を直接扱い、そこでツーリストは生と死の概念に対峙《たいじ》することになる。死とはどういう意味を持つのか、また、私たち、そして地域社会は死をどのように受け止めればよいのかという課題は、まさにダークツーリズムという営みを通して、明確に意識されるようになる。

欧米でダークツーリズムという考え方が、急速に受け入れられて今に至るのは、教会文化に根ざす死生観が早い段階で刷り込まれているからではないかと考えられる。教会に行けば、幼子イエスを抱くマリア像だけでなく、死したキリストを抱くマリアのピエタ像にも出会うことになる。ミケランジェロの「最後の審判」は、天国へ向かう者と地獄に落ちる者が一つのシーンとして描かれており、光と影の世界観とともに、死を意識させる大作である。

翻って本邦を見てみると、「死」について考える機会を持たないまま歳を重ねていくことが非常に多い。私自身も、死をどう受け止めるかという死生観教育を受けたのは、仏教系の保育園にいた就学前の2年間だけだったように思う。私たちは、人の死という絶対に起こる事象を、日常生活圏から切り離して世界観を作ってきている。

さて、自然災害の大きな特徴を考えてみると、大量の死が一度に発生する点が挙げられる。震災発生後の教育は、災害に際して死なないための防災教育が中心となっていくが、実は、被災地に赴くと本質的な意味で死と向き合わざるを得なくなる。

大量の死の中には、当然、自分と似た境遇の方もいるわけで、その方の無念を思うと、心中に熱いものが込み上げてくる。また周囲の方々も、突然の死にどれほど辛く悲しい思いをされたのであろうかという点にも必然的に思いが及ぶ。自分が死んだらどうなってしまうのだろうか、大切な人が亡くなったら受け入れられるのであろうか、このように死について真摯に考える契機としてもダークツーリズムは機能する。

災害から身を守る防災教育とダークツーリズムはこれもまた背反事象ではないが、ダークツーリズムは死の意味を考えるという点で、そのウエイトを置く点は少し異なると言えよう。

学術界の動向

私の研究テーマであるダークツーリズムは学際的な学問領域であるため、所属学会も多岐にわたっており、色々な分野の専門家たちの前で発表を行ってきた。

経済学、芸術学、情報学系の学会では非常に好意的に迎え入れられ、深い議論をすることができた。また、宗教学の専門家からは、既述した死生観の観点から、個別に複数のアクセスがあった。防災系の学会での反応は微妙で、前述のとおり防災教育との親和性を重視してくれる研究者からは歓迎されるものの、復興という観点からは必ずしも同義には語れないので距離を置く人も多い。

〝論敵〟は、実は観光系学会に集中していた。ヨーロッパやそれが波及したアジアにおけるダークツーリズムが、復興ツアーのみならず地域のダークサイドの記憶も含む多義的な概念で語られるのに対し、日本の被災地における復興過程は「明るく元気」であることが期待されるので、ダークツーリズムが復興ツーリズムと相容れない場面が多いことはすでに触れた。東日本大震災後の被災地で活動する観光事業者や観光学の研究者にとって、ダークツーリズムは扱いづらい存在であるし、ダークツーリズム概念が一般に広まるにつれて、観光客から「これもダークツーリズムなんですか？」という、これまた答えにくい質問が寄せられることもあると聞く。

彼らにとっては、被災地の復興のグランドデザインにダークツーリズムという言葉が登場すること自体が非常に迷惑な状況なので、被災地でダークツーリズムという言葉を切り離したいことはわかる。ただし、これもまたすでに述べたとおり、復興過程から取り残された死の記憶や被災地で現実に起こる不祥事、そして妬みや僻《ひが》みも含めて人間活動の実際を受け継いでいこうとするダークツーリズムの方法論は、公的な復興過程とは別の場で存在意義を持ちうるだろうし、それは時空を超えた価値になるかもしれない。現状、ダークツーリズムが多くの復興ツーリズムと相容れなかったとしても、別の領域の価値としてその存在は認められて然《しか》るべきだと思うのだが、その存在自体を許そうとしない論者が多いのが観光系学会の特徴である。

実際、観光庁が掲げる新しい観光としての〝ニューツーリズム〟の中にもダークツーリズムは全く入っておらず、観光に関係する産官学は、必死にダークツーリズムを亡きものにしようとしているのではないかと思うことも多々あり、私自身、この6年間でたいへん打たれ強くなったように感じる。

ただ、学会の組織体としては、ダークツーリズム自体に価値がないとは思っていないようで、産業遺産をダークツーリズムの観点から掘り下げるプロジェクトには日本観光研究学会が研究分科会として資金を出し、私をリーダーとした研究が展開され、さらに観光学術学会でもセントラル・ランカシャー大学のリチャード・シャープレー教授を招いて研究会を行うなど、ダークツーリズムに〝明るい〟兆しが見えてきてもいる。6年前、学術論文を〝ダークツーリズム〟で検索しても、私の他には1本しかなかったものが、今や50本を超えるヒット件数となり、単なるダークツーリズムへの反発を超えた学問的深化が始まりつつある。

これからのダークツーリズム

今後、日本におけるダークツーリズム研究がどのように展開していくのかは、私自身よくわかっていないし、誰も予測はできないであろう。ただし、2015（平成27）年7月に発行されたムック本『DARK tourism JAPAN vol.1』（ミリオン出版）は、初版1万5000部を売り上げ、新聞やテレビ等のメディアでも繰り返し紹介された。そして、各地の郷土史や地域史を研究する人々から多くの取材依頼もいただいた。

この旅を欲する人々はすでにおり、伝えたい人々も多い。あとは、オーソライズされたインターフェースがあれば、観光イノベーションにつながる可能性はあるが、産官学の動きは鈍い。これを動かしていくには、ユーザーからの牽引によるしかないであろう。全く新しい旅の概念として、ダークツーリズムなる営為が人を成長させ、思索に導くことをW

ＥＢベースで発信することは、意識変革の遅い旧来層への重要な働きかけになる。私もまた、旅を続けていくことになるが、読者の皆さんとどこかの空の下で出会い、リアルの世界でも、またサイバー空間でも交流できることを願っている。

おわりに

本書は、基本的に東浩紀氏が主宰していた雑誌『ゲンロン通信』（およびその関係諸誌）に掲載したものを中心に、ミリオン出版『DARK tourism JAPAN vol.1』および東邦出版『DARK tourism JAPAN vol.2 産業遺産の光と影』に寄せた記事や、慶應義塾大学の機関紙『三田評論』の小論を加筆訂正の上にまとめ直し、若干の書き下ろしを含めて書籍化したものである。

この本が出るにあたっては、多くの人々のお世話になった。本文中に記した方々に加え、思想家の東浩紀氏、および上田洋子氏ほかゲンロンのスタッフ、そして津田大介氏を始めとする福島第一原発観光地化計画のメンバーには、大きな刺激をいただいた。『DARK tourism JAPAN』の中田薫編集長には、コストの掛かる取材に関してもご配慮いただき感謝に堪えない。編集長と私をつないでくださったカメラマンの中筋純氏にも感謝を申し上げたい。

各章では、現地でお世話になった忘れがたい人々がいる。

博物館網走監獄、足尾歴史館、田中正造記念館および渡良瀬遊水地アクリメーション振興財団体験活動センターわたらせの関係者の皆さまには格別のご高配を賜った。個人的なつながりとして、北海道では稚内市職員牧野竜二氏、佐呂間町役場職員武田温友氏、小樽商科大学教授江頭進先生・学術研究員高野宏康氏、北海道中央バス株式会社企画経営室参与中野弘章氏、宮城では七十七銀行女川支店津波労働災害事件のご遺族である田村孝行氏、長野では上山田温泉株式会社温泉資料館・故滝澤公男先生、九州では石炭産業科学館ボランティアガイド酒見健次氏、環境省国立水俣病総合研究センターシニアアドバイザー蜂谷紀之氏、菊池恵楓園歴史資料館学芸員原田寿真氏、沖縄ではふね家池田克史氏、インドネシアでは東洋大学教授島川崇先生、アチェ津波博物館元館長ラマダニ（Rahmadhani）氏、アテンドいただいたヌルジャナ（Nurjanah）氏、そしてここではお名前を挙げていない多くの方から有益なご教示をいただいた。こうした方々の援助がなければ本書の完成はなかったのであるが、仮に本書にいささかでも誤りがあれば、その責めは執筆者である私に全面的に帰することになる。

また、本書の編集者である竹村優子氏には、アイデア段階から3年以上も待っていただき、本当に申し訳ないことをしてしまった。本書の完成を以ってお詫びになることを願っている。本書のプロトタイプのアイデアを幻冬舎につないでくださったのは元同社編集部の中島洋一氏であり、彼の存在なくして本書は世に出なかった。

そして、2018年3月までの勤務先であった追手門学院大学と同僚の先生方および職員の皆様にはこの場を借りて感謝を申し上げたい。大学には、使い勝手の良い研究経費を準備していただくとともに、2015年度には半年の国内研修（いわゆるサバティカル）の機会に恵まれることとなり、本書はその研究時間を使って編まれたと言ってよい。現場主義の研究のために職場を空ける機会が多かった私に、同僚たちは励ましの声を送ってくれたし、職員の方々は複雑な国の研究経費を適正に執行すべく骨を折ってくれた。基盤となる職場の協力がなければこうした研究は続けられなかったことは確かである。

研究者コミュニティにおいては、進化経済学会の関係者に感謝をしたいが、特に本文中でも触れた小樽商科大学の江頭進教授には、ダークツーリズム研究の端緒を開いていただき、心から御礼を申し上げる。観光学のドメインでは、私に観光学の基本を教えてくださった立教大学の麻生憲一教授の薫陶に重ねて謝意を示しておきたい。

校正作業については、元ゼミ生の守屋豊君の手を煩わせたことも付記し、御礼の言葉としたい。

個人的には、家を空けることの多い私を支えてくれた妻には感謝を捧げ、寂しい思いをさせている娘には詫びを入れないといけないと思っている。家族でこうした場所を回れるようになるのはいつの日になるか定かではないが、その未来が来ることを望んでいる。

最後に、現地で実際に亡くなられた方、辛い目に遭われた方には、遠くから祈りを捧げさせていただき、本書が埋もれがちな過去の記憶の承継につながることを心から願っている。そして、読者の皆さんを現地に誘《いざな》うことができれば、本書の使命は達成されたことになるのだが、そうなることもまた心から希求する次第である。

参考文献・資料

本文中に挙げたものの他に以下の文献・資料を参考にした。
また本書での記述は、適宜博物館・資料館の解説から着想を得ている。

第一章

John Lennon, Malcolm Foley "Dark Tourism" Cengage Learning EMEA, 2000

Richard Sharpley, Philip R. Stone "The Darker Side of Travel: The Theory and Practice of Dark Tourism" Channel View Publications, 2009

第三章

井出明「北海道観光のこれから：その可能性と方向性」（穴沢眞・江頭進編『グローバリズムと地域経済』所収）日本評論社、２０１２

宇仁義和「知床伐採問題その後―７年前の騒動はいったい何だったのか」『ＲＩＳＥ』４号、ギミック pp.42-43.1994

第四章

三木健編『西表島・宇多良炭坑　萬骨碑建立記念誌』萬骨碑建立期成会、２０１０

三木健編著『西表炭坑写真集（新装版）』ニライ社、2003
宮良作『日本軍と戦争マラリア』新日本出版社、2004

第五章

奈賀悟『閉山』岩波書店、1997
原田正純『水俣病』岩波書店、1972
原田正純『豊かさと棄民たち―水俣学事始め』岩波書店、2007
廣川和花『近代日本のハンセン病問題と地域社会』大阪大学出版会、2011

第六章

窪島誠一郎『「無言館」にいらっしゃい』筑摩書房、2006
伊藤正和他『岡谷製糸業の展開　ふるさとの歴史　製糸業
―農村から近代工業都市への道―』岡谷市教育委員会、1994
日垣隆『「松代大本営」の真実』講談社、1994

第七章

赤上剛『田中正造とその周辺』随想舎、2014

第九章

深見聡・井出明編著『観光とまちづくり―地域を活かす新しい視点―』古今書院、2010

Yiping Lia & Zhiyi Hub : Red Tourism in China, Journal of China Tourism Research Volume 4, Issue2, pp.156-171, 2008

真鍋祐子『光州事件で読む現代韓国』平凡社、2000

伊藤正子「韓国軍のベトナム派兵をめぐる記憶の比較研究―ベトナムの非公定記憶を記憶する韓国NGO〈特集〉東南アジアを超えて―ベトナム=韓国関係再考―歴史的・地域的視点から)」『東南アジア研究』48(3), pp.294-313, 2010

初出一覧

第一章「ダークツーリズムで観る世界」三田評論 No.1207, 2017-03

第二章「小樽ダークツーリズム紀行」DARK tourism JAPAN Vol.1 2015-7

第三章「オホーツクダークツーリズムガイド」ゲンロン通信
ゲンロン友の会会報 16・17, 2015-06

第四章「西表島ダークツーリズムガイド」ゲンロン通信 13, 2014-06

第五章「ダークツーリズムポイントとしての熊本」ゲンロン通信
9・10, 2013-10

第六章「悲しみの地をめぐる信州の旅」ゲンロン通信 14, 2014-09

第七章「足尾銅山渡良瀬紀行　渡良瀬川　上流と下流の記憶」
DARK tourism JAPAN 産業遺産の光と影, 2015-12

第八章「バンダアチェ」genron etc. = ゲンロンエトセトラ8, 2013-05

第九章「日本型レッドツーリズムの可能性」ゲンロン通信 11, 2014-03

第一〇章　本書のための書き下ろし

著者略歴

井出《いで》　明《あきら》

観光学者。金沢大学国際基幹教育院教授。
近畿大学助教授、首都大学東京准教授、追手門学院大学教授、
ハーバード大学客員研究員などを経て現職。
一九六八年長野県生まれ。
京都大学経済学部卒、同大学院法学研究科修士課程修了、
同大学院情報学研究科にて博士号(情報学)を取得。
社会情報学とダークツーリズムの手法を用いて、
東日本大震災後の観光の現状と復興に関する研究を行う。
著書に『悲劇の世界遺産　ダークツーリズムから見た世界』(文春新書)などがある。

幻冬舎新書 506

ダークツーリズム
悲しみの記憶を巡る旅

二〇一八年七月三十日 第一刷発行
二〇二三年四月二十日 第二刷発行

著者 井出 明

発行人 見城 徹
編集人 志儀保博

発行所 株式会社 幻冬舎
〒一五一-〇〇五一 東京都渋谷区千駄ヶ谷四-九-七
電話 〇三-五四一一-六二一一(編集)
〇三-五四一一-六二二二(営業)
公式HP https://www.gentosha.co.jp/

ブックデザイン 鈴木成一デザイン室

印刷・製本所 株式会社 光邦

Printed in Japan ISBN978-4-344-98507-0 C0295
い-32-1

＊この本に関するご意見・ご感想は、左記アンケートフォームからお寄せください。
https://www.gentosha.co.jp/e/

幻冬舎新書

東浩紀　大山顕

ショッピングモールから考える
ユートピア・バックヤード・未来都市

政治や文化や宗教や階層が異なっても誰もが同質のサービスを受けられるショッピングモールは、理想の街の姿だ。ショッピングモールを出発点に、変貌する人間の欲望と社会の見取り図を描く。

浅井宏純

アフリカ大陸一周ツアー
大型トラックバスで26カ国を行く

大型トラックバスで約10カ月。世界13カ国から集まった同乗者とともに、砂漠を縦断、ジャングルを抜け、サファリや世界遺産へ。貧しくとも、人々は明るくタフだった。命がけの冒険旅行記。

高橋一喜

日本一周３０１６湯

温泉好きが高じて一念発起、退職しいざ全国温泉めぐりへ。３８６日間、４５０万円をかけて制覇した３０１６湯を、泉質や源泉かけ流しかどうかを重視しながら講評。名湯秘湯の数々を記録。

高橋一喜

絶景温泉１００

雪山を１８０度のパノラマで楽しめる十勝岳温泉、干潮時だけ姿を現す幻の水無海浜温泉、火山の島に湧く波打ち際の野天風呂東温泉など、全国３５００の温泉から〈絶景温泉〉を厳選し魅力を詳述。